魔術的音楽のために

魔術的音楽のために

——魂の宿す声、音に宿る神秘

滑川英達

水声社

目次

I

II

III

彼は船を与えられ、三の中の三の中の三に向かった。

——ニック・トーシュ

I

音楽の起源

音楽の起源がどのくらい昔まで遡れるかはわかりませんが、おそらく言葉と同じくらい古いものでしょう。単なる鳴き声から言葉が生まれたとき、意味のある音というものを人間は初めて手にしたのでしょうから。

もちろん動物の鳴き声にも意味があるようですし、フランスの音楽学者ダニエル・シャルルは「音楽は言葉(パロール)以前に存在しているのだ!」と「声に関するテーゼ」のなかで主張し、歌は言葉に先行すると述べています。(シャルル　一九八五)

シャルルが声の「地理」ないし「地学」、つまり生成について述べた言葉が、声の「歴史」あるいは「考古学」といった起源をめぐる事柄についても当てはまると拡大して解釈してみれば、人間が人間になる前、言葉を持つ以前からすでに「歌」を持っていたといえるかもしれません。

しかし、動物の鳴き声を通常、音楽とは呼ばないようです。それを発するものから湧き出すものが理性というフィルターを通して音となったとき、初めて「音楽」となるといえる、というのが、近代という時代の思潮の生み出した「表出・表現」という行為に重きを置く考え方であり、現在でもそれは根強く浸透しているのではないでしょうか。

文化的・社会的効果としての、歌声の言葉（パロール）への従属というのは、一部の現代の音楽家たちによってまったく正当にも再び疑問符を付されうるものであり、だから様々な叫び声や息吹きや身体のノイズを、非音楽的だとか反音楽的だなどと決めつける前に、もっとつぶさに見つめるべきなのである。

（シャルル　前掲文）

では、動物は理性を持っていないのか。

理性とは呼べないかもしれませんが、本能と呼ばれるものにも、何らかの規則がありま す。その生命の保存と発展を促すシステムから、「魂」と呼べるものを導き出すことは可能でしょう。

古代人はこの世にある全てのもの、動物や植物といった生物にとどまらず、石や水、川や海、炎や星といった無生物まで、全てが魂を持ち、「言葉」あるいは「歌」を発していると考えていました。

『日本書紀』につぎのような記述があります。

葦原中国は、磐根、木株、草葉も、猶能く言語ふ。夜はホ火の若に喧響ひ、昼は五月蠅如す沸き騰る（……）。

ここで言う葦原中国は高天原という神々の住む国から見たこの地上のこと。そこでは岩も木も草も喋り、夜は炎のようにわめき、昼はウンカという虫のように、あらゆるところで霊が騒ぎ立てていたというような意味で、なんとも不気味な場所です。

西郷信綱はこうした記述について、「草木ことごとくもの言うを、万有活物論（アニミズム）に持って行って説くのは、特殊を空虚な一般形式に帰属させようとするものであって、たいした理解のたしにはなるまい」としていますが、記紀神話の理解という点ではそうですが、やはり、こうした思考と想像力の根底には、古代人の心性として、万物に精霊が宿るというアニミズムの世界観を見ることができるように思います。

民俗学者の谷川健一は、『うたと日本人』のなかで次のように述べています。

> 古代の日本人は言葉にもアニマ（霊魂）があると考えた。これを言霊と呼んだ。言葉に出して言ったことは、現実を動かす力をもつという信仰である。
>
> （谷川　二〇〇〇）

そして谷川は民俗学者・国文学者の折口信夫や中国文学者の白川静の論考を踏まえて、「歌」「うた」とは神に「うった」えるというところから出来た語であると説いています。

谷川の本は「うた」、つまり和歌の成り立ちについて述べたものですが、僕たちはこれから、「神に訴える」音楽について見てゆきます。神に訴え、ときに神を従わせる術、「魔術」と「音楽」との関わり合いについてです。

シャーマンについて

後期石器時代の人々が描いた洞窟壁画に、有名なラスコーの壁画があります。

作家・思想家、ジョルジュ・バタイユが注目したのは、そこに描かれた、鳥の仮面を付け、両手がかぎ爪のようになっていて、性器を勃起させた、奇妙な人物でした。バタイユは人類学者の言を引き、この人物はシャーマン（シャマーン／シャマン）であるという説を記しています。後に死期の迫るなか、彼は『エロスの涙』のなかで、この「ラスコーの謎」を出発点に、エロスとタナトスを論じています。僕らの祖先が〝ヒト〟となった時から、性と死、連続と断絶とは両者の緊張状態において強く結びついているのでしょう。

ところで、シャーマンとはどんな人々のことを指すのでしょうか。シャーマンとは、人間の暮らす世界と神々や精霊、死者の霊の住む世界とを自由に行き来して、なおかつ神々や霊に操られることなく、霊的な存在と対等以上の関係を保てるほどの力を持つ人のことです。

魔術師のようでもありますが、重要なのは、シャーマンは彼や彼女の属する社会、共同体に認知された存在で、彼らも自らの仕事をそうした集団のために行うという点です。彼らは、時に供犠を行う司祭であったり、呪術的な医師、占い師、生者と死者の魂の交通をはかる者であったり、さらに詩人、歌手、音楽家でもあります。

シャーマンの彼岸への旅は、個人的なものではなく、その属する共同体の利益を代表して行われるものですから、彼らには、旅の様子をその社会の成員に伝える義務があります。シャーマンは太鼓を打ち鳴らしながら踊り、語り、あるいは歌います。彼らは、死者の世界、先祖の世界と通じている者、つまり、その社会の歴史を知る者として、自分たちの過去の（神話的）物語や叙事詩を語る詩人でもあります。

シャーマンが霊の世界へと旅立つことを脱魂（エクスタシー）と呼びます。そして、それを行う儀礼をセアンスと呼びます。セアンスのときにシャーマンは、自らのうたう歌、叩く太鼓の音の響きで、彼を助けてくれる霊、補助霊を呼び出します。激しいリズムと音響、それに合わせて踊るうちに、シャーマンは補助霊と出会い、憑かれた状態になります。そして、ついに意識を失い、肉体から脱したシャーマンは、補助霊の助けを借りて、この世の向こう側の世界へと旅立つのです。

シャーマンを単なる呪術師と分かつのは、彼らが単に霊の依り代となるのではなく、脱魂・脱我という神秘体験の本質が、世界の宗教の秘教的部分に見られる神秘主義の系譜のもとにあるという点です。

彼らは神霊たちに憑かれる、あるいは霊を呼び出すことにとどまらず、霊の住まう異次元の世界へと自らの魂を旅立たせます。その点もまた単なる呪術師とは異なる存在といえるでしょう。

太鼓はシャーマンにとって欠かせないものです。それは彼らの他界への旅のための馬や、航海のための船のようなものです。太鼓にはシャーマンの補助霊が宿ります。儀式が進むにつれ、太鼓の表面を擦るようにして打つシャーマンの手は、次第に速くなってゆきます。その音は霊を招き寄せます。そして霊が訪れたとき、シャーマンの手には太鼓のばちが持たれ、一層高らかに太鼓は鳴り響きます。

シャーマンという語は、狭い意味ではユーラシア・シャーマンのことを指します。東は朝鮮半島、アイヌ、そしてイヌイット、西はラップランド、南はヒマラヤに拡がる地域の民族に遺る、宗教的伝統です。

しかし、似たような例は古今東西に散見されます。

古代ギリシアには占療師（イアトロマンテス）と呼ばれる人たちがいました。イアトロマンテスとは、治療者（イアトロ）と占い師（マンテス）とを組み合わせた呼び名です。

一方、中南米のヴードゥー（ハイチ）やカンドンブレ（ブラジル）、サンテリア（キューバ）といった憑依をともなう宗教も有名です。かならずしも脱魂現象はともなわない、しかし霊や神が人々に憑く、つまり人間の精神の空洞を器として、異次元の存在がこれを満たすという現象を有する宗教です。

今に生きる、これらの宗教をテーマにした、ウィリアム・ヒョーツバーグの『堕ちる天使（エンゼル・ハート）』やニコラス・コンテの『サンテリア』といった小説は、映画化もされ、おなじみの宗教／魔術になりました。「ゾンビ」もまた、ヴードゥーの魔術が作り出すものです。

こうした宗教は、労働力として人身売買された奴隷たちの故郷、西アフリカの信仰が、白人たちが彼らに強制したキリスト教を隠れ蓑として、姿を変えながら伝えられてきたものです。

ヴードゥーやカンドンブレと音楽との間には深い結びつきがあります。

現在、私たちが親しんでいる音楽の多くが多大な影響を受けている、アフリカン・アメリカン音楽、つまりアメリカ大陸に売買、連行されたアフリカ人たちの子孫、アメリカ黒人たちの音楽について考えるとき、アフリカ起源の魔術と音楽を考えることは、大変、重要なことだと思います。

魔術とは？

『月と六ペンス』等の作品で有名な小説家、ウィリアム・サマセット・モームの初期の作品に『魔術師』という小説があります。宗教学者ミルチャ・エリアーデがその伝記を読んで感銘を受けた、二〇世紀最大の魔術師と呼ばれるアレイスター・クローリーをモデルにしたハドゥーという作中人物が、この小説のなかで次のように述べています。

しかし魔術とは、意識的に目にみえぬ手段を用いて、目に見える結果を生み出す術にほかなりません（……）。

（モーム　一九九五）

目に見えぬ手段を行使するには、その前提として目に見えぬ世界の存在、魂や霊といった超自然の存在を認め、それとの交流を可能とみなさなければできません。

キリスト教のような体系的宗教は、全知全能の善の存在を至高のものとして、悪をその対極にあるものとして位置づけています。キリスト教等の厳密な一神教の場合は、その悪の存在すら善なる神のプランのなかに組み込まれているのですが、さて超自然の存在をそのように善と悪としてはっきりと二分することは、世界的に見て常識といえるのかどうか？

宗教人類学者の植島啓司によれば、かつてジェーン・ベロという人類学者がバリ島のサンギャンという悪魔祓いの儀礼を調査した際の聞き取りで、次のように話す村人のことを記録しています。

たとえば、ある村人は「サンギャンの時に人にとり憑くのは神かデーモンか」と質問されて、「神とデーモンと人間とは切り離すことができない。三者はまさに一つなのである。サンギャンでは、まず人間にデーモンが憑き、その後、神がとり憑くのではないか」と答えている。

植島は、「ぼくたちが使う『宗教』の概念自体が、もしかして他の文化にむやみに適用された西欧的なものなのかも知れない。だいたい物事はそれほど明確には区分されていないのだ」と言います。（植島　一九九三、一九九八）

本書で扱う魔術的音楽、この「魔術的」という語は、啓示的宗教の引き受ける責任を欠く（あるいはそこから引き剝がされた）、ダイモーン的宗教と言い換えることができるかもしれません。

モームの描いた「魔術師」ハドゥーは、先に引用した言葉に続けて、こう述べます。

意志、愛、想像力等は、万人がもっている魔術的な力ではありませんか。それらの力を最高度に発揮する方法を知る者が、すなわち魔術師です。

象徴の力

さて、真言宗を開いた名僧、弘法大師・空海のことは、皆さん、ご存知でしょう。しかし、後に日本を訪れたキリスト教宣教師にとって、彼はまさに魔術師あるいは悪魔そのものと映りました。空海は高野山の奥で生き続けているとされ、今でも彼が入定したとされる場所には食事が運ばれます。また彼は生前、祈祷により雨を降らすといった術を使いました。真言宗とは秘密仏教（密教）の教えです。インドの後期仏教、密教自体が秘教的要素を持っていたのに加え、中国の道教、日本の修験道といった様々な神秘主義的要素が入っています。魔術においては、象徴や呪文などを用いて超自然に働きかけますが、密教においても、手に仏の印を結び、真言という呪文を使い、本来、大乗仏教においては他者に対して善を実践することであった、「行」を象徴によっておこない、仏との一体化を目指します。

もちろん、空海を魔術師と呼んだ宣教師たちの属するカトリック教会においても、象徴を用います。聖体拝領の儀式はキリストの血と肉を象徴的に食する行為ではないでしょうか。そして十字を切ることにより空中に出現するクロス。

十字は卍とともに、世界最古の象徴と言われます。卍にも二通りあり、日本で仏教の寺院等を表す卍は右回りです。これを正卍と呼ぶこともあります。一方、ナチスの象徴の鉤十字は左回りで、これを逆卍と呼んだりもします。

よくオカルト映画で、悪魔の印として登場する星の形、ペンタグラム。山羊を表すともいわれるこの図形も普遍的な象徴で、日本では陰陽師、安倍晴明らの用いる護符の印としておなじみです。

私たちは、超自然のものを相手にするとき、この人間社会の道徳的な価値付けから自由でなければなりません。超自然のものは悪でも善でもなく、その両方なのです。もしそこに善悪が存在するとしたら、それは私たち一人一人の心や、その属する社会の反映といえるでしょう。

因果と因縁

南方熊楠という人がいました。型破りな在野の学者で、自然科学から人文科学まで、大変な博覧強記の人物として、今もなお、様々な分野から高い関心と評価を得ています。

彼の描いた、通称「南方曼荼羅」と呼ばれる図があります。

大変奇妙な網目模様の図なのですが、試みに、その意味するところを敷衍してみるならば、西欧近代の思考を支えてきたものに、因果律というものがあります。原因があり、それに従って過程があり、結果が生まれる。この考え方によれば、無数のそれ自体で完結している平行な直線の束として、この世界を記述することも机上（実験室内）では不可能でもありません。あるものに、何らかの働きかけをすれば、かならずその働きの延長線上に、ある結果が生まれる。仮説＝実証の可能な、世界を実験室と捉えた考え方で、近代科学・技術の基礎ともいえる、一種「量的」な考え方です。

それに対し、南方は仏教でいう「因縁」という考え方を持ち出します。因果、つまり原因と過程と結果を表す無数の線は曲線であり、この世界で様々に交差、互いに出会うことで、網目を作ってゆきます。この線と線が出会うという「縁」によって、線は互いに影響を受けて、平行直線上に予想される結果とは異なる様々な結果が導き出されます。

サイバネティックスで言う、インターアクティングをご存知の方なら、イメージしやすいことだと思います。

それでは、この「縁」を偶然と見るか必然と見るか？

世界を、無数の、偶然による相互作用で成り立っている、人間的見地から見れば、不条理とも思えるようなものと捉えるか、それとも、この目に見える世界を超えた、クラスを別にする超越者の如き何ものかの視点で見れば、偶然に見えたものは、実は必然であるのか？

宗教や魔術は、これを必然と見ます。しかし、それは必ずしも変えられぬものでもない。宗教は信仰の祈りと善行によって、この縁を良きものにしようとします。そこに神の介入があるとみなすのです。一方、人間の行う術によって、超自然に働きかけ、この世の縁と呼ばれるものを左右する力を得ることができる、これが魔術を成り立たせている基本的な考え方だといえるでしょう。

網膜的知を超えて

これから、魔術と音楽との関わりを巡って散策してみます。近代とは視覚優位の時代であったといわれます。目に見えるもの、肉眼で観測できるものを重視し、不可視のものを従属的な位置に置いてきました。網膜的知とでも呼べるものです。

音楽とは振動であり、空気を伝わり、鼓膜を震わせるだけではなく、肉体全体を振動させるものです。視覚を理性的とするなら、より感覚・感情的で、肉体的なものともいえるでしょう。同時に視覚を具体的なものとするなら、より抽象的なものともいえるでしょう。また、視覚における見る行為に比べて、聞く・聴くという行為が、より受け身であるともいえるでしょう。この点については異論もあります。後にふれることになるでしょう。

前世紀末より、たびたび、近代は終焉を迎えたという声を聞いてきました。しかし、そうでしょうか。確かに、近代文明は反省期に入っているのかもしれませんが、それを単なる前時代の否定ととる必要はないでしょう。近代文明の生み出したものや、そのもとになる考えというのは確かに不完全なものです。だからこそ、むしろ、現在、私たちは近代という実験を見直し、それを補い、軌道修正するという、大いなる過渡期の実験を引き継ぐ途上にいるように思います。

そのくらい大きなスパンで物事を見なければ、かつて魔術を扱う人間を、神と教会の名のもとに、魔女狩りによって死にいたらしめた時代のように、狭義の近代技術とそれを生み出した思考を過大評価し、そこからこぼれ落ちたものの排除に目をとめず、ひたすら時代の生み出す通念に従い、混乱と破壊に無自覚なままで、「与えられた」ものに固執することになりかねません。

頭の固い人間と社会は、その存続さえあやぶまれます。

時代は流れます。ちょうど音楽のように。

私たちは、一見捉えどころのないその流れに身をゆだねると同時に、醒めた目で時代を、そして音楽を捉えようとしなければならないでしょう。

その挙げ句、近代というものが計り知れぬほど倒錯した思考様式の積み重ねで出来ているのではないか、という疑念に突き当たったとしても。

魔術的世界に入るにあたって

魔術というと、西洋魔術をまず連想される方が多いのではないかと思います。しかし、西洋魔術について語ろうとすると、対立項のキリスト教についての理解が不可欠であり、その体系に通暁している必要があります。つまり西洋文明を成立させている考え方とその世界観を知った上でなければ、本質論から離れて、現象面だけの理解から、鬼面人を驚かすほうへと話が流れすぎ、その価値が卑小化される恐れがあります。

しかし、二千年もの間、伝統を継承しつつ変化してきたその歴史を精緻に辿るには、僕らはあまりにも非力のようです。

アジアに目を転じれば、キリスト教の役割を果たしたのは、仏教でしょう。二〇世紀フランスの偉大なオカルティスト（伝統主義者）で、後半生をイスラーム・スーフィー教徒として中東で暮らしたルネ・ゲノンも、そんなことを書いています。

キリスト教も仏教も、その長い歴史のせいで、最初は戸惑いますが、実はどちらも伝統の変革者（破壊者）として現れた「新しい」宗教なのです。その攻撃の対象となったのが、魔術的な世界観・価値観だったのです。もちろん、先ほど空海に触れた際に述べたように、後世になって、仏教は魔術的要素を取り入れてゆきます。キリスト教においても、聖者や聖遺物への信仰を取り込みます。その辺りに、人類の文化・社会における、魔術的なものの普遍性をみることができるでしょう。

本書では、西洋魔術、近代オカルティズムを正面から取り上げることはしません。魔術的なものの普遍性と、音楽という、これまた人類普遍の芸術との関わりを述べるなかで、理解を助け、好奇心を促す役目として登場してもらうつもりです。

もう一つ、ここで触れておきたいのは、反近代としての魔術の持つ政治的側面です。東西文明の線引き、つまりアジアとヨーロッパの文明的差異ないし断絶は、近代西欧文明と伝統的文明との対立にすぎない、と前出のゲノンは言っています。つまり今でこそ、東洋と西洋の文化との間には隔たり、あるいはズレがありますが、かつては共通の土壌に根づいたものであったとする考え方です。

また、オカルティズムの基礎には、かつて高度な知識を持った一つの古代文明が存在したという考え方もあります。そして、その伝統を保持している場所が今でもあるのだと主張する説も出てきます。所謂、超古代史やシャンバラ伝説といったオカルトの話題とも重なる話です。

近代は進歩という歴史観を基礎に発展してきました。目指すものは未来にある。それを現実としてきたのが歴史であるとみなすわけです。これに対し、人間はかつて持っていたはずの輝かしい文明、理想的社会を忘れてしまったとする立場もあるわけです。所謂、反近代の思想です。そして一歩進んで、私たちは徐々に後退しているのだという話にもなります。政治の世界では保守・革新ということがいわれますが、そんな程度の問題ではなく、古の伝統にもどることこそ最大の革命（復古革命）であるという立場にもなりかねません。

ミゲール・セラノという人は、南米チリの外交官を長く務め、作家としても成功した人物です。日本でも、彼のインドにおける精神の探究を記した自伝的かつ秘教的な著作や、作家ヘルマン・ヘッセや分析心理学者カール・グスタフ・ユングとの交流について綴った著作が翻訳されています。しかし、ジョスリン・ゴドウィンが、邦訳もある著作中で述べているように、セラノの著作には『国家社会主義　南米における唯一の解決策』といった書名のものや、ヴィシュヌ神の「最後のアヴァタール（化身）」であるヒトラーの、霊的存在としての現存説を衒学的・秘教的立場から認めた著作もある、ヒトラー崇拝者としての一面があります（ゴドウィン　一九九五）。実のところ、落合信彦の〝第四帝国モノ〟に写真入りで登場するネオナチでした。

それは所謂、精神主義・精神世界の探究についてまわる、過去と未来の過渡期としての現在との対峙の仕方に関連することです。「批評精神」という運動を忘れ、肥大化した「精神」の陥りやすい立場です。

伝統への回帰という立場には、あまりにも微妙な問題が含まれているといえるでしょう。本書では、民族（民俗）文化における魔術と音楽も取り上げてゆければと思います。西欧で民族学という学問が生まれた背景には、植民地主義という現実の政治的動機があります。一方、ロマン主義に育まれた民俗学には（超）ナショナリズムとの関係があります。

ヘロドトスの「歴史」という書物を読めばわかるように、異文化への関心は古くからありました。それと異文化への偏見は背中合わせのものです。

自民族・自文化中心主義というのは、普遍的なものです。問題はそれを単なる主観的な領域のみではなく、そうした主観に対して客観的な位置づけを行おうとする行為にあります。偏見に似非科学的な根拠を与えることによって差別が成立します。植民地支配の必要性から生まれたという側面を持つ民族学（文化人類学・社会人類学等）に、そのような役があたえられたことがあったことは否めません。

宗教に対しても、そのような似非科学的な「客観性」が持ち込まれました。原始的な精霊信仰、祖霊崇拝、呪術、多神教から一神教へ、と宗教は「進歩」したのだ、というのです。もちろん、それを信仰する人々の進歩（西欧化）の度合いという、偏見による尺度を含ませてのものです。まるで、単細胞生物から多細胞生物への進化のようにです。しかし彼らが知らなかったわけではないでしょう。原始的にみえる信仰や儀礼がいかに多様で豊穣な体系を持つかを。ただ、それは彼らの「常識」として刷り込まれた信仰・文化とは異なる視点を獲得しなければ受容できない、複雑・豊穣性であったのです。常識とは知識・情報の共有から生まれるものですが、それがあまりに近視眼的で価値観の偏向した人々の共有していたものだったわけです。

しかし二〇世紀後半には、学問の世界でもそうした西洋の文化や価値観を絶対とみなす姿勢が否定されるようになります。絶対的であった西洋世界の優位が否定され、地球の各地に暮らす人々の文化・世界観の多様性を認めようとする動きが表面化します。文化相対主義と呼ばれる立場です。

一方で、最も進歩しているとされてきた西洋の宗教、キリスト教の多くの派では、次第に前近代的な側面が除去され、あるいは隠蔽されて、近代科学と折り合いをつけるようになりました。ある程度まで世俗化が進むわけです。我が国の仏教にもそうした動きが見られました。宗教は生と死の世界、全宇宙を包括的に捉える真理ではなく、生者にとって、生きてゆく上での癒やしこそがその目的である。そのような宗教の把握の仕方です。

これは、相対主義の立場から見ても妥当な考え方です。様々な文化を持つ人々が、それぞれ、その風土、歴史から生み出された世界観、カミを持つことによって救いと癒しを得ているというわけです。

しかし、それぞれのカミとは何なのでしょうか。日本のように、第二次世界大戦以降、(非常に条件つきではありますが) 各人が多様な価値観を持つことが奨励されてきた社会では、カミを選択する自由が許されています。そうした社会で、若者たちが、超自然の存在に対して、時に思い詰めたような乾きを覚えるのは、彼らが純粋である証なのか、それとも一種の頽廃でしょうか。

かつて信仰が科学の名の下に揺り動かされたように、今では、共産主義による万人の平等であるとか、科学の約束する無限の進歩、あるいは所有する財産の多寡によってのみ人間の重要性が決まるという経済至上的な自由主義といった、唯物論の与える夢や価値観への信頼が揺らいできているのは事実でしょう。人々が魔術的なものに惹かれるのは、この不安定な世界で、単なる癒やしではなく、死生観を含んだ確固たる世界観、宇宙観を求めているせいなのかもしれません。

近代とは合理主義の時代といわれますが、本当にそうした捉え方が的を射ているかどうかには疑問が残ります。先に民族学についてふれましたが、近代西欧が自分たちの外側にあるものを、ものすごい勢いで吸収し、それを科学的に位置づけてきたということは、逆に言うと、自分たちの範囲の外に対して強い興味を抱いてきたということです。

理性の名の下に、未知のものを既知の知識のなかに体系づけて取り込もうとしてきた近代科学。それでは、その近代科学の知識の出発点には何があるのでしょう。

近代科学の祖といわれるアイザック・ニュートン。彼は今私たちが用いている意味での科学者であると同時に、錬金術に没頭した人物でもあり、彼の神学研究を抜きにしては、その科学的探究の原動力を知ることも叶わないとまで言われています。

近代科学を成り立たせる、その基礎に唯物論があったのではなく、宗教的あるいは魔術的な世界観、形而上学的な宇宙観から近代科学の基礎が生まれたのです。近代科学における唯物論は、むしろその後の時代精神としての思潮からの影響によるものといったほうが適当だと思います。科学が世界観を変えたのではなく、世界観が科学を今あるようなものに変えた、そう言っても過言ではないように思います。

ニュートンをはじめとする人々が近代科学の基礎を作っていった十七世紀から二百年後の十九世紀、この時代は二〇世紀の哲学や科学に大きな影響を与える哲学者、科学者が量産された時代ですが、同時に、この世紀の初めに隆盛を極めたロマン主義の思潮は、世紀末に至って顕わになる、オカルティズムの復活を用意することになります。近代を決定づけると言ってもよい進化論の考え方は、オカルティストたちを萎縮させるどころか、彼らの多くはこの考え方を用いて、科学的進化論から導き出された社会の進化を唱える唯物論的な革命思想に対し、霊的進化論とでもいえるような考え方を発展させます。

古代の伝統への回帰について述べた際、その思想は僕たちの社会にとって危険なものを含んでいることに少し触れましたが、この霊的進化論もまた、非常に危険性を含んでいます。

人間が動物から進化したように、人間は未だ進化の途上にある。それは生物学的な進化を超えて、魂の領域に属する進化なのだ。こうした主張を是とするか否とするかは個人の問題ですが、先に偏見と差別について述べたのと同様、似非科学的な考え方ではないでしょうか。

人間を、人為的に人間を超えた存在にする。それは、人間を動物より生物学的に勝った存在と捉える考え方同様、霊的に進化した、いわば超人を人間の上に置くという考え方になりかねません。ある集団を人間を超えた存在に変えるという優生思想のような考え方が、そこから導き出されても不思議はありません。

それでは「人間」なるものの定義とは何でしょうか？

人間に道徳的な定義を与え、人間の可能性の範囲を限定することによって、僕たちの社会は成り立っています。しかしこれから見てゆく魔術的世界観は、先に述べたように、道徳というものから自由な世界です。そこには僕たちの暮らす社会の基準から見て、善なるものもあれば、悪と判断されるものもあります。

とらわれない心とは寛容な心でもあります。

人類の歴史全部が、僕たちと同じ考えや感情で動いてきたわけではありません。そして世界の人々全員が、僕たちと同じ信念、道徳を持っているわけではないのです。

付け加えるなら、僕たちが意識の世界だけで行動しているわけではないことは、精神分析学における無意識や、心理学における識閾下の世界の探究によって明らかにされてきました。これを無視して道徳的、社会的に、人間性うんぬんを言うことは、人間を一定の枠にはめることで、人間に対する探究を無視、嘲笑することにしかなりません。

つまり問題となるのは、人間の定義ではなく、その可能性の領域だと言うべきでしょう。

II

ノイズは他界へと通ずる

魔術と音楽の関わり合いについて、双方の持つどのような性格が、強い関係性ないし類似性をもっているのかを確認しておきたいと思います。

音楽とは情動と理性の両者に働きかけます。これをカオスとコスモスの両方の領域に属する二面性と言い換えてもいいでしょう。

そして元来、識閾下に対して意識的に働きかける技術が、魔術にしろ、音楽にしろ、必要とされました。

魔術も芸術も、本を正せば、コミュニケーションの技「術」であるといってよいでしょう。どちらも審美的な価値というのは後付けのもので、人と人、生者と死者、人と神霊、この世と他界とを結ぶものでした。

日常から離脱して、現実を超えた世界を捉え、他界への入口を開くのは、多くの場合、不快な雑音です。それは金属音をはじめとして、発音が聞き取りにくい、通常の発声とは異なる獣のうなり声のような呪文や異言であったりします。そうしたうめき声は、アメリカの作家、ラブクラフトの作品を知る人ならおなじみのものでしょう。

そこへと至る以前に、識閾下の世界へと眠りに落とすように、同じリズムや旋律を繰り返すこともあります。

規則的な反復からカオスの世界へ、という移行を経て、眠りについた意識が非日常的な変容意識へと呼び覚まされることで、他界への参入が行われるわけです。

反復音　→　騒音　→　フィナーレ
コスモス　→　カオス　→　変化（拡大）したコスモス

意識　→　識閾下　→　変容意識

と、おおまかに図式化できるでしょう

ここから、セアンスにおける音楽の体験は、一種の通過儀礼であり、死と再生の象徴的行為であるということが、理解できると思います。そして、ノイズというものが、カオスと死という意味を担いながら、新生を準備するものであることもわかるでしょう。

ノイズというものは、日常生活にまんえんしているものですが、儀礼において、それのみを取り出して先鋭化することで、日常意識と断絶し、精神の覚醒を促すものでもあります。

理性とは言語をモデルとして組み立てられる認識です。そこから次元を上げ、言語化不可能な知（非‐知）を受容できるほど認識の幅を拡げるには、一旦、肉体という、精神と不可分な領域にある感覚・情動に働きかけ、詩人ランボーらの言うような意識的錯乱という一種の狂気、あるいは人類学者ベイトソンらの称えたダブルバインド（二重拘束）といった状態を作り出すことで、新たな認識へと踏み込まねばなりません。臨済禅の瞑想と公案をめぐる非＝日常言語・反＝意味的跳躍を、肉体による空気振動との共振による脱我を通して執り行う、と言うことも可能かもしれません。

日常意識の先鋭化――意識的に呼び込まれる偶然

音楽を構成する最も重要で、かつ基本となる要素は時間であり、それは人間の生についても言えます。音楽とは光と同様に、粒子に分解することも可能ですし、また波と捉えることもできます。というより、この二つの認識を同時に行うことなしに、音楽を把握することは難しいと思います。

前者の捉え方から記譜が可能になるわけですし、後者の捉え方から音楽を構造的に捉える単位としての時間という、現代の音楽にとって重要な考え方が生まれます。

儀礼というものも、時間によって構造化され、その細部に着目した際に発見される構造は、全体と同じくらい重要な意味を持つと考えられます。

音の受容に際しては、眼にあるような瞼という蓋がなく、耳の鼓膜、あるいはそれ以外も全肉体的に、空気振動に対する共振を拒めないという性格が特徴的です。これは視覚と比べて、意志の及ぶ範囲が少なく、恣意性と意味が希薄であるということができるでしょうか。言い換えると、偶然とノンセンスの介入する余地が大きいわけです。そこに、聴覚に対する視覚の理知性の優位という、近代につきものの誤解が生じたようです。

西洋音楽が記譜法とともに歩んできたことに如実に現れるように、音楽の記録にも前世紀初めまで、その物質性を伴った視覚ないし視覚的記述に特権性が与えられてきました。しかし電子化によるデジタルな記憶装置が聴覚と視覚に差異を設けない形で発達してきた今日、一つの巨大な流れとしての時間は、記憶装置を通して断片化され、世界を構成してきた唯一絶対の空間と時間（無限と永遠）という二分法が効力を失いました。時間の個人的な享受、とでも呼ぶべき体験が日常的に広く一般化したのです。このことが魔術的世界観や夢、イメージとどう関連づけられるかということは、今後とも繰り返し、再考してみたいことです。

イメージでも概念でもなく

魔術において、意志的なイメージの喚起力は、一つの要になっています。

本来受動的な夢を意志のもとに操作することは、魔術的世界への入門となるものと信じられています。

音楽を聴くという行為もまた、先に触れたように一般的には受動的な行為であると考えられがちです。この辺りをとっかかりに、魔術と音楽とを同時に考えることの有効性を確認できるのではないでしょうか。

そこではリズムという、全肉体的感覚において享受される要素がひとつの鍵となるように思います。

さらにアメリカの伝説的な芸術の学校「ブラック・マウンテン・カレッジ」とも関わりの深い作曲家ジョン・ケージによる『四分三三秒』という三部構成の曲が想起されます。ブラック・マウンテンで初演されたこの曲は、三つの不揃いな楽章の時間の経過中、楽章の始めと終りに、演奏「されない」ピアノの鍵盤の蓋を奏者が開け閉めする音以外は沈黙の続く、その合計の時間の長さをタイトルとした、現代音楽にとどまらず、その後の芸術の転換点となった作品です。持続する時間内に続く空白がかならずしも「無音」でないのは、「環境の音」言い換えれば「ノイズ」があるからです。

ケージはその前年、ハーバード大学にある、完全な無音が「作り上げられた」部屋に入っています。

耳が慣れたとき、彼がそこで聞いたのは、心拍による血流の規則正しい「音」と、神経系の発する甲高いノイズだったそうです。

リズムとノイズ、この辺に音楽への能動的関与と、自然界、超自然界との共生を基礎に置く、世界に対する意志の獲得のための、方法論を探る糸口が見つかりそうです。

肉体とは「私」を取り巻く最も「身」近な「環境」を構成するものであり、その存在を「私」に知らしめるのは、知的な理性でも視覚的な情報でもなく、極めて肉体的かつ時間的なものである「リズム」だといえるでしょう。

自然と言語

自然魔術という魔術の一ジャンルがあります。一種のアニミズムと、博物学的世界観から展開した擬似（？）科学的な魔術で、自然界の万物には精霊が宿ると捉えて、これに働きかけることを旨とする魔術です。

日本には古くから言霊思想なるものがあると言われています。

言葉にも精霊が宿っているという考え方です。言葉とは人工的な何かですが、当然、その本質はコミュニケーションにあります。言葉は道具でありながら、具象／抽象、存在／非在というような二項対立の世界にいる人間の能力を遙かに超えて、言語化不可能なものを「指し示す」能力を有するという点において、人間の、少なくとも覚醒時の人間の意識を超えた領域に入ることを可能にする存在だといえるでしょう。

それにしても、人間は不思議なものです。人には何故、一人一人、名前というものがあるのでしょうか。おそらく、大元には、指示を与える際に便利な固有名として、集団内の機能的必然性があったとは思いますが、一方で、言葉というものの出現から、その発話者に「個人」なるものの意識が生じたのだと捉えることも可能でしょう。

古代、名前はみだりに明かすものではないとされていました。呪術において、誰かに術をかける為には、その相手の名前を知ることが鍵でした。あるいは、悪魔祓いをテーマとするオカルト映画を見ていると、憑依した悪魔の名前を知ることが、祓う儀式の鍵となり、一つのクライマックスになっています。

言霊とは、この名前というものとも関係がありそうです。

また、言葉に霊的なものを感じとるのは、日本人に限るという訳ではありません。

前世紀のオカルティズムの雄の一人、ルドルフ・シュタイナーは、その主著の一つ、『アカシャ年代記より』のなかで、次のように述べています。

> 彼らは言葉を用いて事物に名前を与えただけではなく、その言葉の中に、周囲の事物や人間に対して効力を発揮しうるような力をこめた。ルモアハルス人の発する言葉には意味と共に力もまた具わっていた。言葉の魔力という言い方は、現代人の場合とは比較にならぬほど、当時の人間にとっては実際的な意味を持っていた。
>
> （シュタイナー　一九八一）

「人類」以前の歴史を、霊的な見地から述べた部分からの抜粋です。ルモアハルス人とは、現生人類以前に存在した、アトランティス人のなかでも初期の人たちを指しているといいます。

豊田国夫は著書『日本人の言霊思想』で、木村敏は『時間と自己』においてそれぞれ「言」（コト）というものの語源的考察を行っています。それらによれば、「言」と「事」は同起源であり、豊田は「事は、人と人、人と物とのかかわり合いによって、時間的に展開・進行する出来事、事件などをいって、モノとは時間的に不変の存在である」と述べています。（豊田　一九八〇）

もちろん、物も事も時間の経過のなかにあるわけですが、「事」は瞬間瞬間に生起し消滅するところが、時間の経過にともなう変化・劣化に逆らうことで、その「存在」を主張する「物」とは異なるところでしょう。

この生起と消滅は、今一方のコト、「言」にもあてはまるのではないでしょうか。そして、ジャズ木管奏者エリック・ドルフィーの言葉で、音楽が終われば、それは空中に消えてしまい、再び捕まえることはできない、という有名な台詞がありますが、音楽（聴覚芸術）の他の芸術との大きな相違は、この生起と消滅を一瞬一瞬に繰り返すという点のようです。

宇宙の誕生時、空間と時間は同時に出現しました。時空という言葉で世界を表すように、時間と空間は不可分のものです。空間と時間を対象・素材とする表象行為の構えの違いとは、要は、時間の空間化と空間の時間化という、捉え方の相違のようです。西洋音楽の特徴は前者の立場を明確にすることで、発展してきました。和声による時間の流れの細分化の末の空間的思考。ルネサンスから十九世紀にかけて、急速に発展し、複雑な豊穣性を実現した西洋音楽の根本にあるのは、時間の空間化であったとはいえないでしょうか。しかし、その結果、前世紀以降の西洋音楽の指向／思考はこれの逆転によって、あまりにも完成されたロマン主義的袋小路よりの脱出を目指し、非西洋世界の音楽の参照や、近代以前の西洋音楽の再発見もともなって、空間の時間化へと向かい、これにより聴覚芸術の根本に時間を置くという形に矯正されたといえます。

再生装置によって、ベートーヴェンのオーケストラのための作品を聴いていると、様々な楽器の配置と組み合わせを意識しながら音に対峙することで、その楽曲の理解が深まることを感じます。一方、前世紀初頭のウェーベルンの作品においては、その先鋭的な個々の音の時間上の出現が、僕らの感性と知性を刺激し、心の琴線に触れるように感じます。

それにしても、ベートーヴェンの大フーガは何ものからも自由な魂であり、その魂が捉えた持続する宇宙の動きと、その一部を成す生の律動の把握に比すものは皆無でしょう。空前絶後というのはあのような作品を指すのだと思います。

空間が可視の存在であり、時間が不可視の存在であることから、時空の起源が同じであるとしても、これら二つの属する次元のレベルが、人間的尺度においては異なる範疇に属すると考えることが可能でした。

録音・録画、再生装置の登場、発展、浸透により、ドルフィーの言うような生起と消滅の一瞬は、繰り返し可能な経験となりました。

映像と音声の記録・再生――つまり、ある一定の時間という「第四次元」に属する事象の切り取り・貼り付けは、それを享受する人間の経験の質を、決定的に変えたと言っても過言ではありません。

人間が文字という「シンボル」を獲得したときと同様、大幅な飛躍、転換が人類にもたらされました。この能力をどのように意味／位置づければ良いでしょうか。こうした飛躍が僕らに何をもたらしたかについては、充分、吟味するに価する問いでしょう。
二〇世紀アメリカの特異でかつ最重要な作家、ウィリアム・バロウズは「電子革命」においていて、以下のように書いていています。

日刊紙の連想ラインのことを考えてみよ。おびただしい数の人が同じ言葉を読み、同じ言葉に反応してげっぷしたり、口をもぐもぐさせたり、ののしったり、にやにやする。反応の仕方はむろん多種多様である。「南アフリカ・クリケットツアー」を禁止しようとするレオナード・キャラハン（イギリスの元労働党主、首相）の決定を賞讃する記事が大佐殿の朝食をひどく味気ないものにした。目に見えない事件を報道する新聞に対するなんらかの反応はすべて、各個人の現実の欠くべからざる一部となっている。

（バロウズ　一九九二）

こうした、空間的情報の遠距離伝達と、その現実への浸透は、今日では、記録／再生装置の活用によって、今ひとつ（以上）の現実を作りだすことを可能にしました。

音楽の作成に目を向ければ、かつてブライアン・イーノは、スタジオとは、それ自体で一個の楽器であると述べましたが、多トラックの多重録音の登場を、一定時間の楽曲の作成に、異なる時間の切除ないし複写・置換をほどこすことを可能にした事件と捉えることができるでしょう。多重されるのは音声だけではなく、時間でもあるわけです。時間を並立・累積することで強度を加える。それが今、僕らが日常接している音楽の多くなわけです。これを魔術的と形容するのは、単なる比喩ではないはずです。

表象行為における聴覚の本来的優位

絵は視るものです。ちがう、心で感じるものだ、という人もいます。ポール・クローデルの秀逸な美術論集に『眼は聴く』がありますが、僕らは、むしろ精神で聴くものではないかと思います。精神には、知識、経験、記憶、直感といった様々な領域、様々な要素が入り乱れています。これらを総動員して、視覚的情報を整理する作業は、視覚を通じて「聴く」という表現がぴったりなような気がするのです。絵画に相対し、感性と理性による、ノイズのなかから自らの反射音を聴き分けという作業。もちろんその多くは識閾下でも行われることでしょう。

目で合図すると言いますが、視覚は「口下手」です。一方、聴覚には、耳と口、喉によって、「聞き」「話す」という機能が備わっています。

どうやら、視覚、イメージ中心の近代的思考／嗜好には、根本的疑義を挟む必要があるようです。これを倒錯的と呼ぶ必要があるかもしれません。

しかし留意すべき点もあります。文字という視覚装置についてです。前出のウィリアム・バロウズはこう記しています。

> 動物は意思を伝え、情報を伝える。しかし書くことはできない。動物は自分の未来の世代に、また伝達システムの外にいる動物に情報を伝えることはできない。これが人間と他の動物との決定的な違いである。
>
> （バロウズ　一九九二）

バロウズは、この引用の手前で「現在のわれわれが知っている話し言葉は、書き言葉のあとで生まれたのではないかと私は考える」とも言ってます。（バロウズ　一九九二）

鋭い指摘です。バベルの塔の寓話が指し示しているのは、このことかもしれません。シンボルを介したコミュニケーション能力の獲得は、現実というカオスをコスモス化することで、認識能力を含め、人間を飛躍的に変化させましたが、その結果、彼らは離人的感覚に悩まされることにもなりました。このことは魔術の世界の「現実」に触れようとする際、非常に重要な意味を持ってきます。

いずれにしろ、五感のなかで突出したものとして捉えられる視覚優位の思想は、そこから近代の本質が導き出されるごとく、反‐自然の匂いがします。これは自然という概念の超越や否定というより、その忘却と言っていいでしょう。

近代によって我々が忘却したもの。そのかすれた記憶が我々を音楽のほうへと向かわせます。

記録と対話

会話は成立しても、会「書」は通常成立しません。筆談は会話の代替行為であり、「書記」とは異なります。書くことと読むことの間には、話すこととは決定的に異なり、時間

／空間的断絶が存在することが特徴的でした。しかしこうした位置づけも、ネット世代の人々の手によって、揺らいできているのも確かです。

それでも、書くことは「記録」することであり、話すことは「対話」が前提になっています。

バロウズによれば、こうです。

言葉は、言葉の送り手と受け手の伝達システムの中にのみ存在するだけである。話をするにはふたりの者が必要だが、書くにはおそらくひとりを必要とするだけだろう。

（バロウズ　一九九二）

ブライアン・イーノは、かつて、レコードのような記録（録音・再生）技術の登場により、それ以前の「音楽」とは別の領域の「何か」が誕生したのだと述べていました。両者は本質的に異なるものだということです。

今では、レコードは、実際の演奏とは何の関係もない。今じゃレコードでは、演奏されたこともないような、演奏しようとしてもできないような、レコードの世界の外には存在しないような音楽をつくることが可能だ。だからもしレコードという分野で仕事をするなら、この事実は自分の仕事の原理であると肝に命(ママ)じなくちゃならないだろう。だから、私がレコードを作るなら、本当は存在しない演奏の、疑似的な記憶のような作品ではなくて、ある種の状況で――通常は誰かの家の中だが――聞かれる事を想定した音楽として、レコードをつくりたいと、もうずっと長い間私は思っている。……私は〔自分の音楽の聞き手として〕、非常にリラックスして座っていて、踊るつもりはない、そういう人を想定するね。

（タム　一九九四）

あるいはこうも言っています。

思うに、私たちが今しなければならないことの一つは、レコーディング・スタジオで制作されたものは、芸術の別の形態(フォルム)であると認識することです。それは、音楽ではないのです。伝統的な音楽の考え方――それは依然としていろいろな形で続いていますが――と、私たちが今レコードに関して行なっていることとの間には、亀裂があります。それらは別々のことなのです。

（イーノ　一九八五）

話はずれますが、僕らはずっと、「幻想文学」や「幻想絵画」という、非現実的芸術に対する呼称に違和感を感じてきました、それは、自然主義的ではないということを指すのだと思いますが、「自然」で「現実的」な文学や絵画が存在するとは、どうしても信じられないからです。どうして言葉・文字や絵具と紙や布といった媒体でできたものが、「自然」な「現実」を表現・定着させていると考えることが可能なのかが理解できないのです。加えて、日常を外れればそれは幻想なのか、という苦笑いもあります。日常が現実だとしたら、そこから外れた事象もまた無条件に現実なのではないでしょうか。日常は現実のほんの一部でしかない。そう考えるのが理にかなったことのように思います。

実際、僕らが所謂、幻想芸術、文学に触れるときに感じるのは現実の復旧行為ですし、そこにあるのは現実の外へと向かう遠心力とは反対に、現実の内側へと向かう求心力、生の充溢以外の何ものでもないように思います。

幻想とは現実の片割れであり、それは死がそうであるように、生と現実に逆らうだけではなく、それを満たすものでもあるように思います。

結局のところ、あらゆる表象行為は言語という礎の上に行われるということでしょう。

歌謡の起源

黒部渓谷で不慮の死を遂げた詩人、竹内勝太郎はその著書『藝術民俗學研究』の「原始民族の歌と踊（詩の起源についての考察）」と題する一文において、歌謡の発生についての考察を試みています。

竹内はまず、国語学者の新村出を引き、歌謡の起源として、「ウタフ」という訴訟の義が一つ、「打チ合フ」という語源から「手拍子をとって歌謡する」ことを指す、という二つの説を紹介したうえで、「歌はウタフであり、謡ふ、唱ふ、頌ふ、稱ふであり、それは結局ウッタフであろう」としています。

そして神に「訴」えるという、「原始民族における神人交通」は、当初、シャーマンという特殊技能者を介在させていたのが、やがて、人々が直接神に訴える、「祈る」ということをするようになったとき、シャーマンを模倣することから始められたとしています。また、シャーマンが脱我する際に行う「リズミックな機械的動作」は元来、脱魂を促す手段であったものですが、やがてそれが独立して人々の間に広まり、舞踊の起源となった、という意味のことを記しています。(竹内　一九四九)

歌と踊りを同じ土俵にあげて、そこにまず肉体的でリズミックな動作を見たところに、新村の、そして竹内の卓見があるように思います。

今ひとつは、歌謡、舞踊の起源について、個人から出発して、その表出行為として捉えるのではなく、あくまで集団によって生じたと考える見地に立っているところに注目したいと思います。

リズムによって集団に共有される、聖なるものへの訴えかけ。

メキシコの生んだ、前世紀中葉から今世紀にかけて、最も重要な偉業を成し遂げた詩人、オクタヴィオ・パスは詩論『弓と竪琴』にこう記しています。

リズムは言語の最も古い、かつ永続的な要素であるばかりでなく、言行為（アブラ）自体に先行するものであると言っても過言ではない。ある意味では、言語はリズムから生まれるのだが、少なくとも、あらゆるリズムは言語を内蔵、あるいは予兆していると言いうるのである。

（パス　二〇一一）

また、前世紀を代表する宗教学者、ミルチャ・エリアーデと、その後継と目されていましたが、後に、暗殺された、ヨアン・P・クリアーノによって書かれた『世界宗教事典』中の、西アフリカ、ドゴン族の記述では、以下のようにドゴンの神話における言語の起源について触れています。

はじめ言語が必要でなかったのは、あらゆる存在が「聞こえない言葉」に統合されていたからである。それは粗野で男根的な樹木に関わる創造者ベンバが、上品で天空と水に関わる創造者ファロにささやいていた、たえまないざわめきであった。動植物を生み出したのは、ベンバの妻ムソ・コロニである。彼女はファロに創造されたあらゆる女と交わった自分の夫に嫉妬を覚えるようになった。そのようなわけで、こんどは彼女が夫ベンバを裏切ると、ベンバは彼女を追いかけ、喉に手をかけて彼女の首を絞めた。夫の不実のために不貞を犯した妻に対して、このような暴力的な態度をとったことから、たえまない音の流れのなかに断絶が生じる。この断絶が、言葉、言語の生成に絶対に必要なものなのである。

（エリアーデ／クリアーノ　一九九四）

人類共通の何かが奪われて、一種の罰として、言語というものが誕生する。『旧約聖書』の「バベルの塔」にも通じますが、こうした楽園追放後の今一つの原罪による、言語の誕生神話の寓意を考えることは、非常に興味深く、やはり、何かの鍵が隠されているように思われます。

いずれにしろ、リズムによって分節される音――これが言語を産み育て、さらに音楽の生成とも不可分に結びついているのではないでしょうか。

広義での宗教的（呪術的）な魔術的世界観と、言語、音楽の三位一体を、人類の初期からその存在の基底部にあるものとして捉えてみてはどうでしょう。

宗教から芸能へ

フランスの民族誌学者で、詩人、作家のミシェル・レリスは、エチオピアのゴンダル地方における、病の治癒のために行われる集会での憑依現象について、その「演劇的」側面に注目しています。

ここで私は、古代ギリシアにおいて、酒神讃歌（ディテュランボス）とか、サテュロス劇もしくはシレノス劇のような演劇のジャンルがあらわれるのは、ディオニュソス信仰のごとき、憑依にもとづく信仰にむすびついてのことであるという事実を指摘したい。この結びつきが認められるなら、さらに一歩すすんで、エチオピアの憑依の精霊——典型的人物であるばかりか、その名においてなされる行動に劇的な色合いを添える存在——と、厳密な意味で演劇の分野に属する人物、たとえば、古代ローマの滑稽劇（アッテラーナ）の俳優とか、もっと時代が下って、その後継者であるイタリアのコメディア・デラルテの俳優とかが扮した人物とを同一次元のもの（少なくとも、多くの点において）とみなしたい。これらの人物とはつまり、伝統によってあらかじめ規定された人物、演者が即興を働かせる余地はあるものの、その各々にはじめから特定の範囲の所作が割り当てられていて、さまざまな筋の中でいつもある決まった役割を果たす人物である。

（レリス　一九七二）

先に、歌謡と舞踊の起源にシャーマニズムを置くという、竹内勝太郎の論を紹介しましたが、ここでも、芸能の萌芽としての宗教（シャーマニズム）という例を見出すことができるでしょう。

アントナン・アルトーから、ジャン・デュヴィニョー、あるいは寺山修司といった演劇に関わる人々が、宗教的、あるいはシャーマン的なものへの強い関心を抱いていたのも、当然のように思えます。

さらにレリスの記述するゴンダルの集会においては、個人の病を治癒することが、共同体全体の問題として扱われているのもわかります。

モリス・バーマンがグレゴリー・ベイトソンの父、ウィリアムの全体論的原理について

解説したように、

最初の変異がひとつの環境の変化としてはたらき、「回路」または「渦巻」全体に連鎖反応を引き起こす、（……）そうした一連の変化に必要な時間を経たのちに、有機体は再びシステムとなることができる。（バーマン　一九八九）

という具合に、個人に起こった疾患という変異のもたらした集団の有機的システムの障害は、集会における憑依現象による脱我を中心とした儀礼を経て、社会システムの再生、平衡、定常状態をもたらすといえるのかもしれません。

そんなふうにみてゆくと、『舞台の上の権力』（ジョルジュ・バランディィエ）のように、政治的なるものの本質を考える点でも興味深い視点を提供してくれそうです。バランディィエがアフリカへの最初のフィールドワークに出かける以前に、レリスの薫陶を受けていたという事実も故なきことではないようです。

植島啓司は、「現代における『超越』」と題する文中で、H・コックスの著書、『東洋へ』を取り上げ、コックスがカルト・ムーブメントの特色の一つとしてあげている「エコロジー」を、以下のように解釈したうえで要約しています。

エコロジー。人間の身体や環境をいくつかの部分の集合体として考えず、一つの全体としてとらえる立場である。ある個所に歪みが生じるのは、全体の均衡をそこなう何ものかが作用している結果だとみなす。それ故に、その個所を問題化するよりも、全体の均衡をとり戻す方策を優先して考えることになる。（植島　一九九三）

ゴンダル地方における集会も、病者とみなされる個人の憑依を通して、彼らの属する共同体全体の不安、軋轢、停滞といった負の要素を解消し、演劇的なスペクタクルのなかで更新、蘇生させ、その均衡を取り戻す機能を帯びていたようです。ここでもシャーマンはマージナルな存在であると同時に共同体の中心でもあるという両義的性格を担っていることがわかります。

こうした祭礼者の後継ともいえるような人々、同様に両義性を担う芸能（民）は、放浪する職能集団として、共同体から除外されながら、逆に共同体の結束を固めることによって、一種のコスモロジーを形成していきます。そうした観点から、憑依における演劇的諸相を考えることも可能でしょう。

エクスタシー／サイケデリア／サウンド

ロバート・アントン・ウィルソンは、「人類学における二つの大きなミステリー」として、言語と文明の発生の謎をあげています。この難問を前に、人類学者たちは各々異なる仮説を述べるだけで、それはつまるところ、誰も答えを知るものはいないということだ、と述べた上で、以下のように記しています。

> しかし言語と文明は、ともにシンボル化の機能や、意味論的な機能をもち、そうした機能がまた別の大きな神秘を生み出した。すなわちシャーマニズムである。ここから宗教と、そして他の哺乳動物と私たちとを分離する観念形成の網（あみ）が育っていった。
>
> （ウィルソン　一九九四）

そして、シャーマニズムと薬物の組み合わせについて述べます。

　宗教の起源（高次知性体が存在するという知覚、あるいは少なくとも存在するという信仰）がヨーロッパでもアジアでもアメリカでもアフリカでも、シャーマンが神経系をメタプログラミングするドラッグを、少なくとも紀元前三万年頃から摂取していたことに密接に関係していることは、ほとんど疑いえない。（ウィルソン　前掲書）

また、これに関連して、人類学の蛭川立は以下のように論じています。

　シャーマニズムには大きく分けて脱魂型と憑依型の二種類がある。世界的に見ると、どちらかといえば憑依型のシャーマンの方が広く分布しているのだが、エリアーデは脱魂型シャーマニズムの方をより本質的、始原的なものととらえ、憑依型シャーマニズムはそこから派生した二次的なものであると考えた。（……）

そして、サイケデリック植物の利用は、多くの場合この脱魂型シャーマニズムに付随している。

（……）

さて、これらの事実から、狩猟採集社会―脱魂型シャーマニズム―サイケデリック植物の使用という一連の機能連関を想定することができる。そこからさらに、世界中の人間が狩猟採集生活を送っていた時代には、脱魂型シャーマニズムと、そしてサイケデリック植物の使用が全世界の全人類に普遍的な文化であった可能性が浮かび上がってくる。

（蛭川　一九九五）

その状況証拠として、蛭川は「先史美術の遺物」に着目して、例をあげた上で、こう論じています、

このような推測が正しければ、サイケデリック体験に基づく芸術活動は決して現代に始まったものではなく、むしろ逆に人間の美的体験の最も根源的なものとさえいえ

るかもしれない。前世紀末から今世紀にかけての、シュルレアリスムに代表されるような美術表現における新しいリアリティの探究は、こうした太古的サイケデリック・アートの復権であるとはいえないだろうか。

（蛭川　前掲文）

薬物の遺物と同様、物的証拠として残ることが難しい音楽や舞踊と、シャーマニズムとサイケデリアという三者の関連を考察するとき、手がかりとなるのは、むしろ現代のドラッグ・カルチャーと音楽との関係性ではないでしょうか。

片岡義男の名著『エルヴィスから始まった』（旧題『ぼくはプレスリーが大好き』）のなかで片岡は、そもそも幻覚剤という呼称が事実誤認であるとして、次のように論じています。

人間の心のなかに、通常は作動していない部分がどれだけあるかを知るために、LSDやマリワナは使用された。幻覚や恍惚状態を人工的に手に入れるためではなかった。

あるひとつのこりかたまってしまった人間の心を強制的に解放させるのが、ＬＳＤやマリワナであったのだ。ＬＳＤを服用すると、幻覚がおこるのではなく、感覚能力が変化するのだ。その変化は個体によってさまざまにことなり、音が光になってみえたり、時間が延長されたり、窓がトンネルにみえたりする。自分の心のなかにも、このような知覚の能力が存在したのか、というおどろきのともなった発見があればそれでよく、その発見がその個体に対してどのような影響をあたえていくかは、再び千差万別なのだ。

（片岡　一九九四）

行動科学者、精神科医のロナルド・シーゲルは、インディアンたちの服用する、サボテンから抽出したペヨーテを摂取したときの聴覚の変化あるいは鋭化を記し、単に耳がよくなったというわけではないとして、こう記します。

幻覚剤の効果はなにもこれにかぎったものではない。音が小さく聞こえたり、まぢかの音に聞こえたり、その逆に、はるかかなたの音のように聞こえたり、さらにはゆがめられたりと、聴覚にはじつにさまざまな変化が生じるのだ。（……）室内を飛び交っているいろいろな雑音がはっきり聞こえるようになる。空調システムの音、鼻から息を吸い込むときの「シュ」という音。それに、「ドクン、ドクン」という心臓の鼓動までもが聞きとれるようになるのだ！
（シーゲル　二〇〇〇）

ここまで、文章を引きうつしながら、僕らのなかに一つの曖昧な疑問が生まれます。西欧（キリスト教）文明は、日常を超越した音、可聴領域外の音に対して、人為的あるいは「法的」と言ってもよいでしょうか、はっきりとした制限／境界を設け、地上的な「現実」の音と、聖なる音あるいは邪悪な音とに、はっきりとした線引きをしていたように思えます。

それは何故なのか。

音の反サブリミナルでしょうか。

神秘主義的、見神的な逸脱のように、聖性との直接的コミュニケーションを異端とみなしていたことによるのでしょうか。エクスタシーの禁忌は、なにも「性」的なことばかりではなく、全ての感覚（器）あるいは全身体（精神）の領域を覆っていたようです。

忘我、脱魂に対する敵意は、「未開」と名づけた人々のシャーマニズムやヴードゥーの儀式、フロイト主義、シュルレアリスムとその周辺、ロックンロール、そして何よりも、聖なる植物に真理（幻覚？）を見ることを罪の概念で覆うことで、モーゼや、キリストの神話の抑圧装置による何千年にも及ぶ、人間の卑小化がなされてきたのではないでしょうか。

と言って、今日においてもなお、ヒューマニズムを持ち上げるほど、人間は卑小な精神から脱皮していないように思いますが。

III

二〇世紀の文化革命

前世紀に起こった最も影響力の大きい文化的な出来事は、アフリカ系の文化を背景に持つ文化・習俗の世界的な浸透でしょう。アフリカの音楽と踊りは互いに不可分な存在であり、リズムは複雑に細分化されながらもダンサンブルで、コミュニケーションを、他者へ、集団や超自然的な存在へと、人間存在の一元的把握を通して肉体＝精神の壁の向こう側へと開け放ってゆくかのようです。

前世紀に文明の頂点に登り詰めたのは、旧植民地の北米でした。世界にアメリカの力を浸透させたのは、政治・経済・軍事の力ですが、文化的にみれば、ピューリタンによる建国の精神とは裏腹な、娯楽・快楽・解放といった要素によるところが大きいようです。ハリウッド、ディズニーランド、さらにカウンター・カルチャーから発展したサブ・カルチャー。こうした三つの柱の根底には、広い意味での様々な宗教的な事象の顕れを見出すことが出来ます。消費社会において様々に変形された宗教的事象に関する、壮大な実験と観察の一世紀であったと位置づけることができるでしょう。

このような動きにアフリカ系文化の果たした貢献は瞠目すべきものがあります。南北アメリカにおけるアフリカ系の人々は、先住民であったわけではありません。あくまでも労働力として（西）アフリカから、ヨーロッパに出自を持つアメリカ大陸の植民者へと売られた、商品・道具という扱いでした。

ヨーロッパからの植民者たちは、アフリカ出身の奴隷たちを、当初は「人間未満」として、キリスト教化する意味もないと考えていましたが、やがて、「人間視」するようになり、労働力としての効率化を計るために、アフリカ系の人々を従順に「飼い慣らす」べく、自分たちの宗教＝価値観を一種の倫理的矯正の手段として活用、彼らを白人社会に「同化」させようとしました。

またアフリカ系の人々も積極的に、ただし彼ら流にキリスト教を摂取しようとしました。征服者である強者の言語や宗教を取り入れようとすることは、世界史を俯瞰してみれば普遍的なことです。それは非常に現実的な地位向上の手段ですし、生存にとって必要なことだからです。

僕らは宗教を、社会生活のなかから純粋に取り出して論ずることが可能だと考えがちです。しかしイスラームを考えてみてもわかるように、政教分離という制度の近代（現代）性に疑いを持たず、信仰を現実社会から切り離して、非日常のものとするような考え方は、明らかに偏向的な知識ですし、現実を取り逃がす認識でしょう。宗教生活は日常から「解離的」に存在するものではなく、日常生活の一部、というよりむしろその根幹にあるものだと考えることは、決して特殊なことではありません。それは人間が人間であることの大変大きな条件であり、むしろ必要不可欠なものとさえ言うことができます。非宗教的な社会と思われている共同体あるいは個人にも、必ず宗教の代替となる「宗教的」事象を見出すことができるはずです。

アフリカ系の人たちの父祖からの伝統であり、遙かな起源を持つ複数の部族が混交することで、さらに豊穣なものとなってきた西アフリカ起源の宗教、魔術的価値観・宇宙観は、当初からアメリカ白人たちによって、否定・禁止されていました。にもかかわらず、極めて「宗教的」な人々であったアフリカン・アメリカ人は、白人的世界観を自らのアフリカ的宇宙観に吸収し、すでに高度な宇宙観の産物であった自らの宗教文化を、さらに複雑で豊穣なものへと消化／昇華してゆきました。

音楽でも同様なことが起こりました。

これまで述べてきたように、宗教と音楽は、言語とともに、人類の根幹をなすものです。現代の地球を席巻している、南北アメリカの音楽――ブルース、ジャズ、リズム&ブルース、ロック、ヒップホップ、レゲエや、サルサ、サンバ、ボサノバといったラテン音楽……これらの名称でジャンル分けされてきた音楽もまた、ジャンルを越境し、混淆することで、世界横断的なポップ・カルチャーを形成しています。

例えば、ヒップホップは北米で生まれたものですが、その創始者といわれる三人のうち、二人は直接のルーツをカリブ海＝中米に持っています。七〇年代に上質で洗練されたロック、ポップスを作った白人たち、ハリー・ニルソンやヴァン・ダイク・パークスが大胆に取り入れたのが中米のカリプソでした。同時期、あるいは遡ってみても、ジャズと、ボサノバ等のブラジル音楽の融合は一つの大きな潮流になりましたし、チャールズ・ミンガスのカリブ海音楽への関心を挙げてもいいでしょう。

こうした流れのなかで見てみれば、厳密なジャンル分けや、細かいレッテル貼りといったジャーナリスティックな行為や、「ポップ原理主義（ファンダメンタリズム）」とでも言いましょうか、大学人的な一種の純粋主義、音楽史的見地や、進化論的な「運動体」などという視点はすでに無意味であり、流動的で横断的であることにこそ「ポップ」の意味を見出せるという、「ポップ混淆主義（シンクレティズム）」という方向性が見えてきます。このことは、ヒップホップのサンプリングが盛んであったころには、明白な事実と受けとめられていたように思います。そのころ「ワールド・ミュージック」の名の下に、かつて「民族音楽」としてくくられていた、三大陸のポップスに注目が集まったのも故無きことではないようです。

文字通りの意味で、ワールド・ミュージックになると期待されたこともあった、ロック・ミュージックの折衷主義が、それ自身の意味を見失い、グローバリズムの内部崩壊を体現しているかのように見えるのも、そのことを裏打ちしているように思います。

例えば、キップ・ハンラハンや、彼の送り出した「アメリカン・クラヴェ」の諸作品、アントン・フィアア率いる、ザ・ゴールデン・パロミノスの、「変わろうとする意志」を支える一貫性、あるいはアート・リンゼイのパーカッシヴなギターと、ブラジル音楽への接近、といったことを思い出していただければ、近代的な個人主義や、「天才」的な独創的創造者としてのアーティストという神話の崩壊後の世界が見えてくるでしょう。

西洋において、脱魔術化・脱宗教化されていった、近現代「芸術」の「歴史」（永遠の過渡期）という、もう一つの脱色された「神話」の崩壊過程に、とどめを刺すことを可能にする対抗文化として、現在のポップ・ミュージックの底に脈打つ魔術的世界を少し見てみましょう。

篠目清美は、アメリカのアフリカ系作家、イシュメール・リードを論じた一文のなかで、こう記しています。

リードの言いたいのはこういうことではないだろうか。黒人作家の使命は、ジャズ・ミュージシャンたちにならって、自らの芸術分野でアフリカの伝統宗教ヴードゥーの精神を表現することである（……）ヴードゥーに黒人文化の魂を求める作家はリードに限らない。リードもしばしば言及しているゾラ・ニール・ハーストン（一九〇？―一九六〇）はその先駆者といえるだろう。（篠目　一九八七）

リードの言う「ネオ・フードゥイズム」が文学や他の表象行為に先立って、音楽において実践されてきた、という捉え方は大変面白く、また真実を突いていると思います。ヴードゥーの起源は、奴隷貿易の要所にあった、西アフリカ・ニジェール河流域のヨルバ族の文化に見出されると言われています。このアフリカ最大の部族とその文化は、人々が商品として輸出された南北アメリカやカリブ海地域に移植されることになります。これが現在のブラック・カルチャーのルーツと見なされています。

フランス人写真家でありながら、後半生をカンドンブレの司祭として過ごしたピエール・ヴェルジェは、ブラジル民衆文化・宗教とそのルーツである西アフリカとを行き来して重要な仕事をした人でしたが、おそらく彼が、民族学者で長らくユネスコで重職についていた、アルフレッド・メトローとハイチに同行した際でしょうか、ヴードゥーの儀礼における鶏の供犠を行なっている人物を撮った写真が、バタイユの『エロスの涙』に掲げられています。メトローの親友であったバタイユは、この写真に次のような文を寄せています。

時代を貫いて、人間の目は、血腥い供犠によって、かの日常的現実とは共通の尺度を持たない強烈すぎる現実の熟視へと開かれた。その現実とは、宗教的世界では**神聖**という名を与えられているものなのである。

（バタイユ　一九六七）

イシュメール・リードの代表作の一つ『マンボ・ジャンボ』で描かれるのは、文字通り、アフリカ起源の文化の、白人文化・社会における感染拡大の姿といえるでしょう。

作中、そのウィルスは「ジェス・グルー」と呼ばれています。時は一九二〇年代のアメリカ、ジャズ・エイジと言われる時代です。この時代を風靡した音楽は、漂白されたビッグ・バンドのスウィング・ジャズが主でしたが、ぴったり一九二〇年には「ヴードゥー司祭」、ビ・バップの革命児である不世出のアルト・サックス奏者、チャーリー・パーカーが生まれています。

南部から「白い」アメリカに伝染してゆく「黒い」魂。

もちろん感染する側の白人たちにも、単なる美学的興味・嗜好だけではなく、実存的な感情面で、このウィルスを受容する下地があったわけです。

後年、第二次大戦後に、白人の青少年がブルースに魅せられることについて、ブルースマンのアルバート・キングは、今の白人の若者は、自分たち黒人が思春期に感じていた悩みと、まったく同じ何かを抱えているという意味のことを言っています。

ブライアン・イーノは、ロック・ミュージックには、自然に湧き出る（性的）フラストレーションの存在が不可欠だという主旨のことを言っていましたが、それが性的なものであれ、政治的、社会的なもの、あるいは存在（論）的なものであれ、こうした心の、精神の起爆剤は、ユニバーサルな表象行為を考えるとき、大変重要なファクターになると言えるでしょう。

エルサレムの神殿の市場をたたき壊す、イエスのうちにあったのは、愛や正義といった口当たりの良いものではなく、まず、このありのままの世界に対する、激しいフラストレーションと怒りだったのではないでしょうか。

性魔術やタントラを研究なさった方々には自明のことと思いますが、ここで、魔術や秘教的宗教においても、そして音楽においても、性的な事柄、その抑圧と解放や、エネルギーの意識的な操作、精神＝身体的なメカニズムへの働きかけ、といった側面が重要な意味づけを与えられていると指摘しておきたいと思います。もちろん、そうしたことは本能的な生殖行為とは異なる、心理学や小市民的道徳から見れば、性的逸脱とか性倒錯と呼ばれるであろう行為と思惟に対する意識的な背景を持っています。二〇世紀後半に、性の解放についての主張が、急展開を遂げるポップ・ミュージックに彩られていたことは、記憶にとどめておきたいことです。

ニューオリンズからバップを経てフリー、ポスト・フリー、クラブ系のジャズまで。デルタ・ブルースからシカゴ・ブルース、彼らの白人フォロワーへと。あるいはベッシー・スミスからエイミー・ワインハウスへと、合衆国産のポップ・ミュージックは、根っこにあるソウルを引き継ぎながら、世界規模に膨張していったわけですが、次第に漂白されてしまったロックの生命維持にはブラックのソウルが不可欠でした。それがレゲエやスカだったり、モータウンやフィラデルフィアだったりしても、とにかくそうやって延命措置をとられて、今世紀に入ったわけですが、ソウルとは文字通り「魂」という意味で、そこには必ずアフリカ起源の宗教が寄り添って看護にあたっていたと言って良いでしょう。

ハイド・パークにおけるローリング・ストーンズのブライアン・ジョーンズ追悼ライヴでは、「悪魔を憐れむ歌」のバックに、アフリカ系の人々の打楽器が入って、大いに盛り上がります。

このライヴは、後に二〇世紀を代表する神秘主義者であるG・I・グルジェフの「ワーク」を実践することになるロバート・フリップ率いるキング・クリムゾンがデビューを飾った、ロック・ミュージックの歴史に残るコンサートです。また、やはりストーンズの前座として、後で紹介するつもりの、サード・イアー・バンドも出演していました。

ブライアンといえば、モロッコのジャジューカと呼ばれる神秘主義的な呪術音楽を現地で録音、アルバムとしてまとめるなどユニークでかつ時代先端的な活動を行ったことで有名ですし、ローリング・ストーンズ随一のマルチプレーヤーでありながら、商業的にはミック・ジャガー、キース・リチャーズのような、ポップ・ミュージックの作詞作曲能力とは隔絶したマージナルで先鋭的な個性のせいで、一種ラジカルなブルース伝統主義者として、次第にグループ内で胡乱な存在になってしまい、脱退、事故死という最期を遂げました。小柄で、醜いとさえ言えるのに、何故か魅力的な姿、顔立ちで、ローティーンのころには、もう子供をつくっています。パンの神を思わせる容貌をした、ファッションリーダー的な側面もありました。

ストーンズのメンバーと関わりの深かったアメリカ人に、映画作家であり、歴代の銀幕のスターたちの影の部分を描く『ハリウッド・バビロン』という一種の暴露本を書いた、ケネス・アンガーという人物がいます。彼はムービーカメラを魔術兵器とする道士、魔術の達人であり、二〇世紀最大の魔術師アレイスター・クローリーの思想の映像化を試み、大いなる成功を収めたといっても過言ではないでしょう。

ところで、ヴードゥーは世界で最も古い宗教であるという言い方がよくされますが、アフリカ起源という点からも頷ける言い方です。呪術、魔術、アニミズム、シャーマニズム、地母神崇拝……と、まるで古代宗教の字引のような体です。人類はアフリカ起源なわけですから、その宗教が最古のものだとしても不思議はありません。だからもしかすると、ヴードゥーを研究すれば、人間と宗教の関わり、もっと言えば、宗教の起源、その原初の状態について知る手がかりのようなものがあるかもしれません。

映画『エクソシスト』の続編と〝ビギニング〟で、ブラック・アフリカが舞台になったり、悪魔祓い師がアフリカ人であったりするのは、ちょっと興味深く思われます。

あまりにも観念・制度的になりすぎる以前の宗教と、形態、形質を持たない音楽とは、同様の宇宙観、形而上学を共有しているのではないか。このことは度々触れてきたことです。充分にまとめあげることは叶わないとは思いますが、本書で述べられる与太話に何かしらテーマの如きものがあるとすれば、「宗教と音楽、双方のよって立つ宇宙」などと言うことができるかもしれません。ここで宇宙と呼んでいるのは、魔術的世界観に他なりません。

音声は録音・再生装置のないころには、記録できないものでした。

言葉は、その「意味」が文字に置き換えられ、楽音の演奏の目安としては、楽譜なるものがありましたが、再現されるときには様々な解釈の可能なもので、それだけに、作者の意図をくみとる過程においても、読者や演奏者の考え方がそれぞれ反映されるという「個性」の幅が出るものでした。つまり文字も楽譜も、その作者と読み手、解釈者あるいは鑑賞者との間の齟齬を回避できないことが問題でした。

「時間」という、客体であると同時に極めて主観的に扱うことも可能なもの、存在と非在のあやふやな、そのあわいの如きニュアンスの再現はできなかったわけです。しかし一体、記録＝再生装置の発明・進歩によって、このことは可能になったのかどうか――。

さて、アカデミックな世界での、細分化と学際性が絡み合った結果、〇〇音楽学や音楽〇〇学というものがありますが、寡聞にして音楽考古学という学問ジャンルのことは知りません。あるとしても、一種の「可能性」としての学問でしょう。

しかし楽器らしきものが発掘されれば、実際に音を出してみたいというのが人情であり、また好奇心というものでしょう。

銅鐸という古代の青銅器がありますが、これを実際に演奏した人で土取利行というパーカッショニストがいます。土取について、夭折した音楽評論家でフリー・ミュージックのオーガナイザーであった間章は、土取と高木元輝のデュオ・アルバム『オリジネイション』のライナーノーツにこう記しています。

彼の静謐への愛着と沈黙の光景への憧憬はドラミングを暴力装置の位置から一歩さらに根源的なカタストロフへの場へ引き上げているとも言えるだろう。

(……)

少なくとも土取がここで現出させるサウンドの高まりはフリー・ジャズのドラミングがパワーによって成立するという幻想を打ちくだき、本当には(ママ)厳しい自制と自覚的な音色へのこだわりと全体への把握なしではその機能を果たせないという見事な例を我々へ教えてくれるであろう。

(間　一九八八)

土取は、イギリスを代表する演劇人ピーター・ブルックの劇音楽を担当する等、世界的に著名な音楽家です。彼が銅鐸を演奏したのは、一九八三年のこと。大和の国、畝傍山の社の跡地でのことでした。

諸説ありますが、銅鐸は楽器であると同時に、祭政一致の時代の宗教・呪術的なものであり、神事の道具として、他界とこの世を繋ぐ権威の象徴でもあったのかもしれません。この「他界とこの世を繋ぐ権威」こそ、この国の王権の礎であり、銅鐸はその権威によってこの国をおさめたことを証すものの一例なのかもしれません。

古代日本の「権威者」はシャーマンあるいは、その血族であったということではないでしょうか。卑弥呼のことがすぐ頭に浮かびますが、古墳時代になった後もこうした権威の性格は受け継がれたのではないでしょうか。血族というのは、例えば大王の姉妹の齋宮が巫女的性格を持ち、祭祀を行う斎宮の、堀一郎言うところの「呪術的カリスマ」性が、大王の治世を支える重要な要因の一つであったのではないか、というようなことです。

スノビズムの日本

過去半世紀にわたって、「ポストモダン」について様々な考察が行われてきましたが、現在、時代の推移を強く感じる思いがするのは、十九世紀以降の社会・文化が、人類の歴史において特異な位置を占めること、それは鬼子的存在であったと見る視点の獲得が、今世紀になって確立しつつあるのではないかということです。こうしたことは、あまり明言されていませんが、先に述べた立場、近代とは無限の未来、そのあり得べき姿を目指す不断の実験の過程であり、その試行・遂行こそ火急の課題なのではないかという考え方と、それに対し、近代というものを長いスパンで見てみると、そもそも、ある倒錯の上に成り立っているのではないか、または計画も倫理もなく、偶然のみを頼りに、付け焼刃的に見られることも怖れず、コミュニケーションや関係性の網目を移動し続けるという選択の採用、などといった、解釈、感想や態度——徒労とも思える運動の継続が、僕らに課せられているような気がします。

近代の生み出したもののなかでも、鬼子の最たるものが、ファシズムと共産主義（プロレタリア的ファシズム）という、制度的平等の前では有機的自由の否定は是認されるとする、社会主義の歪んだ形での発展ともいえる政治・社会・文化的な立場です。こうした考えは現在、一見その否定を促すかのように輿論が動いているようにも見えますが、時々、そこに回帰しているようにも見えるのです。これはイデオロギー的な問題ではなく、保守という仮面をかぶり、その名をかたる、責任放棄した大衆のフラストレーションの顕れではないでしょうか。つまり保守的な寛容の下での改善・改良の促進を含め、あらゆる可能性としての未来というものを締め出して、「ありうべき」理想とそれを目指す冒険を、さらに、これまでそうした努力を担ってきた先人たちの正統性までをも、肥大した自己顕示の欲望の場としての「現在」の名において拒絶し、常に多数派のネットワークの量的拡大のみを自己実現の方途とする者たちによる、反-理性的な、元型的で神話的な暴力の引き金の安全装置の解除が進行中なのではないかという懸念です。

かつてカール・G・ユングは、第一次世界大戦から両大戦間にかけて、集団心理学的見地を盛り込んだ、分析心理学の立場からの社会批評的文章をいくつか発表しています。

ともあれ、ひとつの全体としてのある社会集団の道義性がその集団の大きさに反比例するというのは、疑えない事実である。より多くの個体が集まれば、それだけ個人的要素は埋没し、それとともに道義という、個人の道徳感情と、それに不可欠な自由とに依存するほかないものも、また薄れていくからだ。そこで、どの個人も、集団の一員であるとき、自分ひとりで行動するときよりも、ある意味で劣った人間であるしかない。彼は集団性に担われており、その限りにおいて個人としての責任を解除されているからだ。どんな優秀な人間ばかりで成り立っていようと、巨大な社会はその知性と道義性において、愚かで凶暴な巨獣にひとしい。組織が大きくなればなるほど、没道義性と盲目的な愚かさも増大する（「元老院は野獣だが、個々の議員は善人だ」）。そして社会集団というものが、その個々の成員に、おのずから集団的な性質を押しつける以上、そこで褒められるのはただもう平均と凡庸であり、安直かつ無責任に生きる植物のような生でしかない。そこでは個人は、壁の片隅に押しつけられるばかりなのだ。

（ユング　一九七七）

これは、前世紀初頭のヨーロッパの危うさを捉えている以上に、人間社会の普遍的に抱える問題であるところの、集団と個人の間の倫理についての、的確な評言だと思います。日本的な和（という「世間」）のどうしようもなく抱え込む闇（暴力）について考えると き、これはヨーロッパの問題どころか、この国で真に生きることを拒む障壁と、世間なるものの不気味さをよく言い当てているように思います。

かつて、西洋諸国の人々は日本に神秘的なものを感じる、あるいはそうした事象を求めるという傾向があったように思いますが、この国で育った僕らにとっては、こんなに全ての面で世俗化された国はないように思われます。宗教的な物事や生活においてさえ、いささか世俗的に過ぎるように感じます。そうしたスノビズムについては、何人かのヨーロッパ人もまた述べています。神秘的なのは、単に捉えどころがなく、絶対や深度といったものを欠いた民族性、あらゆる点における軽佻浮薄なところ、いわば核というものの欠如から来る非合理性が、西洋人の理解を拒んでいることによるのではないでしょうか。その文化は宗教的な事柄を代替宗教、擬似宗教としての「物の美」に収斂させる「技術」に長けたところが特徴的です。宗教や社会思想でさえ、美学の対象と括ってしまうような、そんな文化であり、そうした社会なのです。

どうも、僕らには近代を手放す、あるいはそこから飛躍することは困難なようです。反近代や脱近代の身振りもまた、大きく、不定形でしかも不動の近代というものに包括されてしまっているのではないでしょうか。この国が、西洋化という意味での近代化以前から、その性質が「(超)近代」なるものを体現していたといったようなことが一時期よく言われました。もちろんそれは近代の先取りなどではなく、持って生まれた擬似近代性と呼べるほど、まったくの世俗的社会を実現してしまっていたのに過ぎないのですが。

しかし、こうした軽さ・薄さは、本居宣長などにはよくわかっていたのではないのでしょうか。国学の持つ不気味さというのは、こうした民族性への全面的肯定に対して、とりあえず頭の問題、観念的にのみ近代西洋化された僕らの抱く、自らの出自の持つ得体の知れない寄る辺なさに対する、恐怖心の顕れのようにも思えます。

この辺りに、晩年の三島や中上が突き当たり、克服しようとした問題の所在があるのではないでしょうか。

僕らは美学的対象としての音楽や宗教から距離を置き、「美的」、「実在的」に両者と、その関係性についての考察を続けてみようと思います。

第三の耳

一九六〇年代の対抗（退行）文化の潮により、「ポップ＝オカルト」とでも呼べるような神秘主義の反（？）市民社会への浸透もまた生じました。ポップ・カルチャーの中核を担っていた当時の音楽にもこうした傾向が窺えます。これには、サイケデリアと呼ばれる、幻覚性を持つ薬物の摂取による意識の変容、拡大が大きく関わっていました。

「スウィンギング」と冠をつけて呼ばれていたロンドンは、米国西海岸同様、そんなサイケデリックな風俗の花咲く都市でした。

鬼才シド・バレット率いるピンク・フロイド、バロウズの「カットアップ」小説のタイトルをグループ名としていたソフトマシーンといった、ジャズとはまた異なる即興演奏で長時間のトリップを行っていたグループが、アンダーグラウンド・シーンを席巻していましたが、なかでも特別風変わりだったのが、サード・イアー・バンドの存在でした。

まず楽器編成が普通のロック・バンドとは異なっていました。タブラなどのハンド・パーカッション、オーボエ、そしてヴァイオリンやチェロといった擦弦楽器という編成でした。メンバー・チェンジを繰り返していましたが、マイルス・デイヴィスから絶大な信頼を置かれていた音楽家であり、エルトン・ジョンのストリングス・アレンジでも独特の緊張感を演出していたポール・バックマスターがチェロ等を担当、この特異なグループの活動に非常に貢献したことも特筆されるべきでしょう。

ルネサンス以前の中世風の曲や民族音楽的な曲等を、インプロヴィゼーションで延々と演奏し続ける姿は、テリー・ライリーやラ・モンテ・ヤング等のミニマルな実験音楽（エクスペリメンタル・ミュージック）と通じるところもあり、一流のトリップ・ミュージックだったといえるでしょう。

さらに特筆すべきなのは、ファースト・アルバムのタイトルが『錬金術』、セカンド・アルバムの曲が各々四大、「空気」「地」「火」「水」をタイトルとするなど、はっきりとオカルト色を打ち出していたことです。実際、降霊（神）術のイベントで演奏することなどもあったようです。

オカルティックなコンセプトと、中世～エリザベス朝＋インド等の民族音楽というスタイルのどちらが先行していたのかは不明ですが、この組み合わせは不可分なものとして成功しています。ロマン・ポランスキー監督による、オカルト哲学が一世を風靡したエリザベス朝、ジョン・ディーの同時代人、シェイクスピア原作の『マクベス』の映画音楽を担当することによって、世の具眼者たちはもちろん、ドラッグ・カルチャーに浸っていた多くの若者たちを唸らせることになります。

近代という名の理不尽

それ自身以外に支えるものを持たない芸術という理想は、近代芸術を極限の純粋性へと導くものでした。これをモダニズムによる「芸術原理主義」と呼んでもいいかもしれません。ファンダメンタリズムにつきもののテロルという側面も、こうした考えにはついてまわります。

しかしそんな純粋性など、絵に描いた餅ではないでしょうか。実際には永久破壊という悲喜劇をもたらすのに過ぎないのでは……近代的思潮の種である「純粋」なる観念の産み出す空虚を孕んだ廃墟の希求する「未来へのノスタルジー」。

だから、そんな純粋性を纏った、孤児としての音楽の神話を少し揺さぶってみてはどうでしょうか。

そこで、目を転じて、日本の歌舞音曲（芸能）について、松田修の案内（『異形者の力』）を借りながら、考えてみたいと思います。

僕らは歌謡の原点、シャーマンという存在を考えるとき、これを共同体内のこととして見てきました。しかし、ケとしての共同体の日常性から離れた、共同体外の存在である「職能」集団として呪と音曲を担う者たちに目を向けずに、魔術的世界の音楽を語ることは不可能でしょう。定住から漂泊へ、制度からその外部へ、という視点の変更を行ってみましょう。


形の上だけにせよ、農民を尊び、工商、まして芸能者のごときは、遊民としては人の数に入れずに賤しめるこの発想は、どう説明すればよいだろうか。もう一つの価値基準をあげれば、定着が尊ばれ、流動が賤しめられる。芸能についても、そのことはいえる。マチ・ムラの定着者よりもそれらをつなぐミチとツジの流浪者が、よりいかがわしく（ということは賤視のうらに畏敬が貼りついていることでもあるのだが）、しばしばより猥（みだ）りがましいということだろう。

定着の農民は、フル・スペクトラム（フルの状態において管理しうる）であるが、漂泊の芸能者はスプリンターピープル（破片人間）であり、管理の方法論の通じない影をひいているのだ。

（松田　一九九四）

＊

芸能に長じているがために、次第に専業化し、やがて特殊視される経緯は、想像にかたくない。芸能に長じているとは、それだけ神に近いということであり、ふみこんでいえば、神そのものであった日の記憶を、どこかに孕みつづけた人たちであった。

想像と創造の纏う神秘が畏敬の念を生み、やがてそれが被差別を呼び寄せる。聖性と穢れにまとわりつく畏敬の念は、松田の言を借りれば「宮廷と化外の民と――すでに述べたように日本の芸能は、上下二極に分裂しながら展開してゆく。上の究極は天皇である」ということであり、その象徴的な存在として、松田は、百人一首でおなじみの蟬丸を例に挙げます。

(……)琵琶にまつわる蟬丸伝説の蟬丸が皇胤(こういん)であるとされる伝承の意味は深い。いうまでもなく蟬丸は盲人として不当にも差別された人々の職神的存在(セイント)である。蟬丸というおそらくは架空の肉身を軸にして、陽の被差別者天皇家と、陰の被差別者、ここでは盲人集団とが、通底しあっている。

(松田　前掲書)

歴代の天皇には、音楽的天才が数多く輩出していますが、ここで特筆すべきは、後白河院です。畏怖、畏敬の対象となる二つの制度外の存在を結びつけ、『梁塵秘抄』をまとめた御方こそ、蟬丸を陰とするなら、陽の存在として、この国の芸能の担い手の持つ両義性を体現しているといえるでしょう。

当時（という語は曖昧であるが、許容される最長の時間系における当時）、多くの芸能のにない手は、天皇を頂点とする貴族階級と、蟬丸のごとき廃疾の集団とに両極化し、二つの極点は相対峙しつつ、相互に通底していたのである。後白河法皇の今様好みは、宮廷音楽のフレームを完全にはずし、民衆的なるものと宮廷的なるものとの間隙を美しいカーブで架橋した。

（松田　前掲書）

後白河院の今様好みを考えるとき、クローズアップされるのが白拍子という存在です。白拍子とは何者でしょうか。中世史の細川涼一による簡潔にして要を得た説明を引いてみましょう。

白拍子は傀儡（くぐつ）から出たものと言われ、舞女（まいおんな）が白い水干（すいかん）に立烏帽子（たてえぼし）、白鞘巻（しろさやまき）の脇指し（わきざし）（短刀）を指すという男装で男舞（おとこまい）を舞うもので、院政期頃から現われ、鎌倉時代に入ってから流行したものである。しかし、この白拍子は舞女であると同時に、娼妓をも兼ねたことは、早く中山太郎氏以来指摘されてきたところである。（細川　二〇〇〇）

ツングース系のシャーマンには女装する男性という例が多くありますが、こちらは、女性が男性の姿形で舞うという、正反対のベクトルを指す様にも思えます。しかし、どちらもトランスジェンダーな存在として、アンタッチャブルな、非あるいは反社会的な存在を体現していると考えることができます。白拍子が娼妓でもあったことは、東西にあまねく見ることができる神聖娼婦という概念を連想させます。白拍子は今様という流行歌を踊り歌う以外に、寺社の縁起を歌い舞う存在でもありました。

先に引いた細川涼一の文に、白拍子の基として傀儡という名があがっていましたが、傀儡（子）とは何かといえば、人形遣いのことです。人形を使って門付けを行う流浪の民で、性別は特に問わない存在でしたが、傀儡女は、春をひさぐこともそのなりわいの一つであったようです。

この辺りの話は、些細なことのように見えて、スケールの大きい話に繋がります。詳しくは、杉山二郎『遊民の系譜』の一読をお勧めします。

寺社と被差別の芸能者と聖性を帯びた性は一体となって、（日本）文化をその基底部で支えている存在でした。そしてその淵源もまた、この三つであり、少なくとも、日本文化に何がしかの根源性と普遍性を見出そうとすれば、この三つの要素を母体とするものに突き当たるといっても誤りではないでしょう。

そして武士の時代が本格的に訪れます。

前出のルネ・ゲノンは、東洋の形而上学とそれを支えた僧侶の階層（知識人）について触れ、日本は例外的にバラモン（祭祀者／知識人階層）ではなく、クシャトリア（戦士階層）を中心とする国柄であるというようなことを述べています。だから東洋のなかでも日本は別物であり、古代の知識の伝統が途切れている、ということなのでしょう。ゲノンといい、『アジアにおける一野蛮人』を著した、アンリ・ミショーといい、見者の目には、日本はアジアのなかでも、かなり異質な存在という様に捉えられていました。

その異質な性格が最もあからさまに現れたのは、長く続いた戦士階層（それは官僚組織へと変質していたわけですが）が用意した、非常に速やかな近代化の進展と、脱亜という選択だろうと思われます。国家神道を「宗教」と切り離し、これを民衆のエートス（生活感情）を司る支配機構として運用していたこととも、関連づけて考えることができそうです。そうした諸々の要素によって、近代という現象への「飛躍」がスムーズに行われたのではないでしょうか。

段階を踏まない、スピード「感」のみで、「見物客」の心を動かす共同体では、辿ってきた足跡は忘却、あるいは改竄され、過去は切り捨てられ、当然のように反省の契機は失われたままです。

そして優秀な人材は政財官界のベルトコンベアーに乗って時々刻々と消耗させられてゆき、理想の入るすきのない俗界の現象のみを認識可能な現実と見なすことを疑いません。

こうして「成功」を勝ち取った、この国の近代に対し、僕らは忸怩たる思いがしてなりません。

IV

エクスタシーと儒教的なもの

本書では冒頭からシャーマンについて取り上げましたが、シャーマニズムの重要性をここで再確認しておきたいと思います。

人智学の高橋巖に「キリスト衝動とシャマニズム」（シュタイナー『イエスを語る』解説）と題する非常に示唆に富む一文があります。そのなかにルドルフ・シュタイナーによる、奇妙な、おそらく霊視されたものであろう話が紹介されています。

紀元前三千年紀の初めの頃に中国の、たぶん北部で、不思議な人物が生まれたというのです。その人物は幼いときから特別な能力を持っていて、満四十歳くらいになったときに、それまでは霊界からのさまざまな情報を無条件で受け容れていただけだったのに、その情報の意味をも理解するようになったというのです。お告げを受け取るだけでなく、お告げによって神々が何を意図しているのかも分かってしまったので、他の人たちにはその人物が神と同じような存在に見えたのです。（……）そして古代文明のすべての霊的教義は中国に生まれたその人物から始まったというのです。シュタイナーはそれだけしか語っていないので、謎めいている話なのですけれども。

キリスト紀元の最初の数世紀間に盛んであったグノーシス派の教えも、その人物から来たものなのだそうです。シュタイナーはその人物のことを「ルツィフェル」という偉大な神が例外的に人間の姿をとって現われたのだ、と言っています。

（高橋　二〇〇四）

また、若江漢字はヨーゼフ・ボイスについてこう記しています。

彼の生涯は〝キリストのまねび〟運動そのものの実践であり、キリストの生涯がそうであった様に、ボイスの全活動は『文化闘争』そのものでした。我々が芸術の歴史を振りかえる時、そこに見出す作品の殆どが、宗教的なものであるばかりか、イコンでありキリスト磔刑像であり、それらは芸術以前に宗教的尊崇の対象であることに気づきます。芸術が宗教の一部であったことを思い起せば、ボイスの活動が決して突飛でもなければ不可解なものでないことが解ります。

（若江　一九九六）

この二人の例外者に共通なのは、ボイスの言う「欧亜大陸（Eurasian Continent）」における、シャーマニズムの慣習を持つ地域を鍵としている点と言えるかもしれません。

ちょっとした飛躍を使って僕らは「儒教」の源流としての巫術について語ろうとしています。人智学、ルドルフ・シュタイナーの思想はボイスに深く根を下ろしていますし、第二次大戦中、空軍の志願兵であった彼が、瀕死の飛行機乗りとしてクリミア半島に不時着し、この地を移動中のタタールの人々の特別かつ特殊で非常に奇妙な治療と介護によって

「復活」したという神話的伝記からは、シャーマニズムおよびそれを基盤とした社会との接点が垣間見られるかもしれません。

それでは何故儒教について触れるのにあたって、時代精神の変革者におけるシャーマニズムの決定的な重要性を確認する必要があるのでしょうか？

儒教というと倫理とか管理社会、あるいは年功序列などといった言葉も思い浮かびます。しかし、それが宗教なのかというと、首をかしげる人も少なくないのではないでしょうか。それは漢学という学問と結びつき、封建社会を支えた管理の道具という印象があります。

しかし儒教の中心にある「礼楽」というものを理解している人はこの極東の地でもあまり多くないようです。

儒教の理想の頂点には「音楽」があるといったら、意外に思う人もいるでしょう。白川静は『孔子伝』で、次のように述べています。

孔子は音楽を好み、みずからも琴を鼓した。詩篇なども、絃歌していたようである。

人間形成の最終段階を「樂に成る」〔泰伯〕とも述べている。　（白川　一九九一）

孔子が盛んに尊重し、その失われた王朝における姿に憧憬と尊敬を注ぎ込んだ「礼楽」なる概念も、分解すれば礼儀・儀礼と音楽ということで、この二つ、型としての倫理と音楽によって孔子は理想を指し示し、かつて王朝の基盤であったであろう、そうした価値観・世界観を、乱世に再構築・再現しようとしたわけです。ピタゴラス教団のことが連想されますが、やはり倫理と美学の同一平面上における並置というものが根本にあり、それが宗教的感情と結びついているように思われます。

というのも、白川が説くように、孔子の家系を遡れば、「巫」あるいは「史」というシャーマンに行き着くからです。

孔子は、巫女の庶生子であった。いわば神の申し子である。（白川　前掲書）

白川は様々な文献を読み解き、孔子は巫女の私生児であったと確言します。碩学による文献学、考証学を網羅して導き出された結論の持つ説得力は、半可通の学者や作家の想像力とは比べようもない重みがあります。詳しくはその『孔子伝』に直接あたってみてください。

シャーマンで、おそらく職能的な神聖娼婦の如き母＝少女の産んだ、父を知らぬ子。それはまさに神の子であるともいえるわけです。

「世界を揺るがす者は儒者と俠者」の言葉通り、儒教は古代宗教の伝統を継ぐ反体制（反時代）的勢力でした。『孔子伝』からの孫引きになりますが、『説文』によれば、巫とは「舞をもって神をよび降ろすもの」とありますから、脱魂型ではなかったにしても、シャーマンと呼んでも、ほぼ間違いないでしょう。

また、日本の白拍子の面影もちらちらします。

そしてどうやら、孔子の現世的で一種合理的な理想主義の裏面には、武の力を至上の真実とする時代に現われた、祭政一致の復古を目指す先鋭的な政治＝文化集団の長としての顔が浮かび上がります。

おそらくアンタッチャブルとして、エクスタシーによって彼岸と結びついていた祭祀・

呪術集団という出自を否定するかのような、いや、むしろ、そうした出自だからこそ、そこに現世的合理の壁を張り巡らし、伝統への復帰を知的・倫理的あるいは美的に推進することで、乱世の沈静をはかった孔子でしたが、音楽、それが調和を表すものに限られたにせよ、感覚と情動の動きを内に秘めた音楽を至上に置いた淵源には、自らの血族が所属していた集団からの影響を払拭することはできなかったのではないか。そんな気がします。礼楽と霊学は、案外離れていないとは語呂合わせに過ぎませんが、いずれにしろ、僕ら現代人の感覚とは異なる常識、世界観・宇宙観の下での話であることは留意すべきでしょう。

インディオたちの偉大な発明は沈黙である

中世以前の西欧社会では、音楽、特に器楽とは魔的なものの顕れと捉えられていました。一方、体制内の音楽としては教会の合唱音楽が「魔的の顕れ」と対になる概念として、「形而上の聖性の顕現」と捉えられていました。

この、中世カトリックの教会音楽のポリフォニーを起源に持つ、西洋音楽。その起源が決して音楽の起源を指し示すものでないことは、これまで僕らがめぐってきた散策によって明白かと思います。さらに、教会からも離れ、「純粋」に「鑑賞」されるべく、生産された「純（！）音楽」。産業社会、情報社会で「消費」の対象となり、僕らの生のBGMとなるべく量産される現代の反‐純音楽、それが技術発展と歩みを共にし、音楽の全く新たな位置づけの必要性を希求していることも、これまでの僕らのぶらぶら歩きから了解のことと思います。技術発展は単なる「合理化」「能率化」ではなく、世界観・宇宙観の断絶の上に成り立つ価値観の刷新であることも、僕らはぼんやりとわかってきました。

しかし何故、音楽と広義での「宗教」、あるいは音楽の「宗教性」にこだわるのか？それが見失われてゆき、今再び見出そうとすることに、どんな意味があるのか。

その答えを得ようというより、その問いを更新すべく、フランスのノーベル文学賞作家、ル・クレジオによるインディオについてのエッセイ『悪魔祓い』から、いくつかの抜粋を見てみましょう。

叫びと騒音の音楽。旋律と和声のない音楽。踊ったり、楽しんだりするための音楽ではなくて、語り、身振りし、呼びかけるための音楽。押しのけ、遠ざけるためのものでもある音楽。音楽は沈黙に反するものではなくて、それを補うためのものだ。

（ル・クレジオ　二〇一〇）

さらに、

旋律的音楽とは、何よりもまず時間の流動性とか、事件の反復とか、いわゆる「方向（サンス）」についての確信である。インディオにとって、音楽に方向はない。持続もない。音楽には、始めも終りも絶頂もない。人はたちまち音楽に入り、たちまち音楽に別れる。準備もないし、心の用意も必要としない。それはあたかも音楽が、ある種の音楽が、すでにあったかのごとく、一人一人の男や女の体の内部に存在したかのようなのだ。

（ル・クレジオ　前掲書）

そして、

インディオの笛の音と明確に発音される言語との中間に、歌がある。しかしインディオにとって、歌もまた沈黙の一形態である。歌は、ゆがめられた語、音色、声の強さと高さ、母音の脱落、リズム、発音などによって解りにくくされ、変質された言語である。

（ル・クレジオ　前掲書）

また、

蛇食鳥や、かわせみや、はいたかや、みそさざいには鳴き声がそれぞれひとつしかないように、人間の歌もまたただひとつなのである。歌は人間の身分証明（アイデンティティ）であり、スローガンであり、紋章なのだ。いろいろに変えてなんになろう。新しい「曲」を作りだしてなんになろう。インディオは、このような競争や商売には意図的に無関心である。

（ル・クレジオ　前掲書）

ここで扱われている音楽あるいは反-音楽は、僕らという存在、現代文明を形作る雑多な要素の寄せ集めとしての僕らの心に強く響き、どんな思考経路を辿るにせよ、省察を迫る問いかけにほかありません。自らとその属する社会を顧みることによってしか到達できない了解が、突然目の前に開かれる……などといった逃げ道を見出すことすらおぼつかない気がします。

何故なら、こうした抜き書きを前にして、僕らの心の動きを探るなら、ここで扱われている音楽の姿が、結局のところ、僕らの文化、文明、あるいは感受性にとって、了解不能であるからこそ、僕らを惹きつけてやまないということがわかります。

ある人々は疑念と、ことによったら拒絶と軽蔑という形で反応するかもしれませんし、僕らにとっては一種の、そしてもしかすると「負の」ユートピア、人間から隔絶された存在という意味で、「ある種の『宗教性』」をこれらの引用文から嗅ぎ取ります。もちろん、そこにはロマン主義的な、距離と時間に隔てられた、無垢なるものへのノスタルジーがあるかもしれません。「高貴なる野蛮人」「われらがうちなる古代人」……しかし、そのような夢想の対象というよりは、更新された観念による「人間の、そして人間と諸事象との関係性の、新しい把握法」、僕らが音楽や芸術一般、それを成り立たせる価値観、世界観に対して抱く思考の内容と様式の変換、倒立を促すものではないでしょうか。「音楽」も「宗教」も、その語に染みついた観念の汚れを落とす、あるいは最も広義の範囲まで限りなく定義をずらしてゆかなければ、使えない概念かもしれません。しかし、はたして定義の厳密性というものに意味があるのか。了解ということの意味するところは何なのか。

試行錯誤の末、結局、既成の概念に対し手作業で調子を整えてゆくだけで良いような気がします。言葉という装置は不定形な現実を捕まえるには笊であって、僕らの使いこなすべき道具というよりは、本来、人間に課せられた条件という、常にその貧しさにおいて愛すべき存在ではないでしょうか。というより現実が現実であることを示すのは言葉で捕らえられる限りであって、世界がそんな現実で出来ていると考えるほうがおかしい気がします。

ル・クレジオは、こうも記しています。

音楽とは必要であって、夜の知覚消失のなかで、見たり、聞いたり、感じたりするためのものである。世界をふたたび創造するための音楽、見えざるもの、危険なものと戦うための音楽。魔的な音楽、殺し、呪い、呼びかけるための神々の声だ。

（ル・クレジオ　前掲書）

植島啓司「悪魔祓い〈サンギャン〉」に次のような記述があります。前夜、バリ島東部、スラット地方のジャングゥという村のサンギャンを調査した植島たちは、翌日、奇妙で不可思議な体験をしたそうです。

人はその気にさえなれば何でも見ることができると初めに書いた。一つの事件がサンギャンを見た直後に突然起こったのである。ぼくたちは八月十日の朝、ジャングゥの村を去り、クタに戻ったのだが、精神状態がきわめておかしくなっていた。怖ろしい憂鬱に襲われて泣き出したり、身体が自動人形のように動いたり（特に指先や足など）、喋り続けて痙攣を起こしたりした。いったい何が起こったのだろうか。特に要注意は「音楽」であった。音楽が聞こえると、ぼくたちはパニックに襲われた。身体が間歇的に顫え出した。普段行っている最もありふれた行動でさえ、自然の産物ではなく、あたかも翼の上下運動や光の点滅のように、ある種の反復運動に思われたのである。

（植島　一九八六）

音楽が人を慰撫するものだというのは、僕らの勝手な思い込みにすぎませんし、それが一個人の表現、時には社会的・精神的抑圧に抵抗するものであるというのも、どうやら怪しいようです。音楽も宗教と同様、この世界のなかだけでその機能を云々する対象ではないのでしょう。宗教が単なる癒しの道具とはいかないものであることは前述の通りです。音楽も宗教も、人間の精神＝身体の切迫した「病」、人間集団の存亡の「危機」に際して必要な、この世界を包括する不可視の世界とのやり取りに欠かせぬ、「向こう岸とのコミュニケーション」における交渉人のような存在なのではないかと思います。

ここにシャーマニズムの「人間」という存在にとっての重要性、その出現の必要・必然性と普遍性が見出せるでしょう。

先に、ドゴン族の言語の起源についての神話を紹介しましたが、ル・クレジオはこう記しています。

インディオの言語は呪術的である。その文法と構文は、呪術的な論理である。これに反して、沈黙は自然なものだ。インディオたちには、言語についての罪の感情がある。この感情は、わたしたちには理解しにくいものではあるが、たしかに感嘆すべきものだ。インディオは、この恐るべき特権が何であるかということを知っていて、それを誇りにすると同時に、恐れてもいる。動物も事物も語りはしない。かつてはそれらのものも口をきいた。すべてが話をした。石でさえも。それからなにものかによって平衡が破られ、災厄によって理解の秩序が破壊されたのだ。その瞬間から、人間はもはや動物を理解せず、石の言葉を解さなくなった。
（ル・クレジオ　前掲書）

どうやら僕らは本書の冒頭で触れた、『日本書紀』に描かれた「草木ことごとく物を言う」世界に戻ってきたようです。では、平衡を破った何ものかとは何なのでしょう。ドゴン族の神話では、樹木の創造者ベンバの行為をその原因としていますが、この問いに答えることはできなくても、問いを深めるべく考察することは無駄なことではないでしょう。言葉、そして音楽の起源に行き着くことは不可能でしょうけれども、音楽とは何かという、これまでにも見え隠れしていた本源的な問いの末端には触れられそうな気がしてきています。音楽と宗教、その魔術的世界観を基盤とした関係性を巡る散策の道から、僕らは細い横道に迷い込んだようです。でも、むしろ何かに誘い込まれたという気がしてなりません。

非／反鼓膜的音楽

私はシュルレアリスムの深い、本物のOCCULTATIONを要求する。
（「シュルレアリスム第二宣言」阿部良雄訳）

隠秘學というと、僕らは前世紀で最も突出した芸術・文学・思想・政治の運動（共同？）体である、シュルレアリスムのことを想起せずにはいられません。

残念ながら、この運動体からは故意に音楽というものが締め出されていても。視覚芸術におけるシュルレアリスムの成果を「見る」とき、マルセル・デュシャンのとった視座に従い、「非／反網膜的」という観点から、その意義を認めることが、最も正当な評価基準であると、僕らは考えます。

それに倣って「非／反鼓膜的音楽」という切り口を措定してみたいと思います。視覚芸術と異なり、「もの」として捉えることのできない、聴覚芸術。絵画のフォルムや構図に当たるものは、不可視の「時間」における構造ということになるでしょう。

こうした特性から、音楽そのものについて語ることは、そうでなくても「観念的」になりがちですし、いきおい抽象的な議論へと収斂してしまうきらいがあります。

そこで、本書の冒頭部分で引いたダニエル・シャルルの言を思い出してみてください。「叫び声や息吹きや身体のノイズ」を「音楽」という見地から捉えなおすことの妥当性についてです。

このことに、宗教音楽における「聴こえない音楽」という植島啓司による示唆を導入することで、僕らの関心事であるところの、音楽の原初と未来、その本質的なところが見えてくるかもしれません。

植島は言います。

音楽というのは単なる聴覚的な体験ではないのだ。それは、われわれの身体感覚すべてと密接に呼応し合う、パルス（波動）の集合体なのである。

（植島　一九九三）

念のため、デュシャンによる網膜的でない視覚芸術についての発言を引いておきます。

（アラン・ジュフロワによるインタビュー）

――一九五四年に、あなたは私にたいし、あなたの意見では二種類の絵画があり、一方は眼にしか訴えない網膜的な絵画で、もう一方は眼を通して頭脳に訴える脳組織（マチエール・グリーズ）の絵画だと言明されました。文学にたいし仮借ない憎悪を向ける純粋絵画の理論家が、今日ずい分いるわけですが、それにもかかわらず、それがどんなものであれ、あらゆるイメージは必ず頭脳に訴えるものだと思われませんか？

M・D　もちろん、言葉のうえでの戯れはいくらでもできる。だが私は、まず網膜にしか、網膜の印象にしか訴えない絵画と、網膜の先まで行き、もっと遠くまでゆくための発条として絵具を使う絵画とのあいだには、違いがあると思っている。後者がルネサンスの宗教画家たちの場合だ。絵具そのものは、彼らの関心を惹かなかった。彼らの興味を惹いたのは、何らかの形態のもとに神性についての彼らなりの考え方を表現することだった……

（ジュフロワ　一九七八）

他の場所でも彼は、同様の理由で中世美術への讃美を語っています。デュシャンは、絵画のための絵画という考えには馴染めませんでした。このジュフロワとの対話においても、彼は「たんに形而下的（物理的）な絵画では満足しない」、あるいは「絵画の形而下的純粋性なるものをまったく信じていない」と述べています。

こうしたデュシャンの「前衛」としての反近代や、ジュフロワが後に構想することになる、歴史画再評価といった「修正主義」は、近代進歩史観に対する疑問を、僕らと分かち合っているような気がします。

ここで、むしろ「必要としての音楽」を考え、あえて、抽象的観念に抵抗を試みるのも、ものは試しです。

本書のテーマの奥にある包括的な仮説、「芸術とはコミュニケーションを担うもので、そこには宗教的事象との類縁／伴走関係が認められるのではないか」に基づく僕らの彷徨から見るとき、反進歩史観は、当然の前提であると思います。

聴こえない音楽と無音

先にケージの『四分三三秒』について触れましたが、植島の言う「聴こえない音楽」と無音とは異なることを、確認しておきたいと思います。

作曲家・近藤譲は著書『線の音楽』のなかで両者の線引きを明晰に述べています。


音は、高さ（振動数）、強さ（音圧レベル）、長さ（持続時間）、音色（波形、部分音構造、エンヴェロープ、トランジェント、高さ、強さ、その他の様々な要素の組み合わせと、その組み合わせの変化の時間的分布等によって決まると思われるが、現在ではまだ物理的に明確に定義されているとは云えない）、その他の要素の上の差異によって、常に相対的に他の音から区別されて、ひとつの音として認識される。「聴こえない音楽」に於ける音（無音）は、こうした音の各要素――（総音列音楽が生まれて以来、これを音のパラメーターと呼ぶようになった）――の値がすべて零であるもの、と考えてほしい。即ち、不可聴音域の音だけで作られた音楽――これも理論的には不可能ではない――のように、物理的に存在するが聴こえない、といったものは除外し、物理的に存在しない場合を考える……（前述のように人が生きて音を聴く限り、完全な無音状態を体験することはできない。しかし、聴こえてくる音の背景に、無音を想像することはできる）。

（近藤　一九七九）

この様な絶対的「無」音は除外できるでしょう。それは存在することなく、ゼロと同様、「有」との関係性や利便性において措定されるものでしょうから。

さて、物理的には存在するが、聴くことはできない、という場合、この「聴く」とはとりあえず「鼓膜の振動」の信号が脳に伝達されることを指すと捉えて良いでしょう。もちろん、振動するのは鼓膜だけではないということは、忘れてはいけませんが。

では「聴こえない」というのは、「鼓膜」と「脳」、あるいはそれを繋ぐ神経系のいずれが、制約をうけるのでしょう。

音の周波数の問題ですが、それだけでもないようです。というのも、そこには個人差や個人が属する民族等によっても差があるようなのです。この差異は身体的な差異ではなく文化的な要因のようです。あくまで仮説ですが、統計的に見ると、彼らが何語を使って成長したかによって、可聴領域の幅に大小があるという報告もあります。

言語には各々、周波数域の違いがあるそうです。可聴領域内にもかかわらず差異が生ずるのは、胎児のころから、母体を取り巻く言語環境に影響されるため、ともいわれています。ヒトの可聴領域にある音でも、実際に聞き取ることの可能な領域に差ができる。そう論ずる医学者もいるようです。

それが眉唾とも思えないのは、色についてならよく聞く話だからです。

色彩を示す語彙の多寡は各言語によって異なります。これはその言語の属する文化圏の自然や環境にも影響されてのことだと思いますが、碩学・松山俊太郎によれば、

「紺色の蓮華」すなわち「青スイレン（ウトパラ）」は、古代インドでしばしば「青」が「黒」と混同されるために、「目の色」の比喩に使われるが、その「はなびら」が「ハス」のより細長いので、特に、「切れ長の目」の形状をたとえるのに使われるのである。

（松山　二〇一〇）

我が国でも、青と緑の混同をあげることができます。

話を戻せば、言語と可聴領域との関係性とは、はなはだ興味深い仮説ですが、この説によるなら、問題は鼓膜の振動ではなく、やはり脳か神経系にあると考えられ、さらにそれが文化的制約ないし排除に根源を持つ「人工的」な差異に基づくというのであれば、物理的、生物的な決定論を超えて、文化的枠組みの問題であるとも言えそうです。

植島によれば、世界各地の宗教儀礼等で、この不可聴領域の音を用いた音楽の果たす働きが大きいといいます。

あるいは可能性として、鼓膜以外に空気振動と共振する、感覚器や、その他、皮膚、体毛等が不可聴領域の音をとらえているかもしれません。

「音」の管理に抗して

アート・リンゼイがコードのポジションも知らないと言って、小馬鹿にする人々もなかにはいますが、考えてみれば、チャーリー・クリスチャン以前には、電気化の実用性が不十分なことからくる音量の問題もあり、バンド内でのギターは、主にハーモニーとリズムを刻むだけだった訳ですし、マイルス・デイヴィスがジミ・ヘンドリックスに秋波を送っていたのは、ジミのギターで出すパーカッシブなノイズ音のせいではなかったかと言う人もいます。

ギターという楽器が前世紀にこれだけもてはやされたのも、チェット・アトキンス奏法というのがありますが、リズム・ハーモニー・メロディのいずれも同時進行で表現でき、しかも通常の平均律以外の音、所謂ブルーノートを、弦をベントすることで容易に出せる等といった自由度の広さによるところも大きいでしょう。

ですから、ギターを打楽器として使うことも当然ですし、高柳昌行のように、ソロでも不協和音によるコードプレイなどをせず、フリーキーな旋律のみで魅了することも可能であり、自由な訳です。

また横道に逸れてしまいましたが、近代の西洋音楽（芸術）が制約に制約を重ねて「美」の制度化を追究したのは、どんな思想的背景によるものなのでしょう。彼らの膨張主義、植民地／帝国主義と、こうした「音の管理」はどこかで通底しているように思われるのですが、どうなのでしょうか。

それに比べて、ジョン・C・リリーや、ベイトソンらが行なった、イルカとの異種間コミュニケーションの試みは「聴こえない音」について多くのことを教えてくれそうです。

それにしてもカミの発見は、人間独自のものなのでしょうか。陸の世界をわがもの顔で闊歩する僕らですが、海の哺乳類のことを考えると、自然に僕らのなかから湧き上がってくるのは、自らの無知に対する恐怖心をあおる様な、そんな疑問です。

三頭政治

ところで、デュシャンの言う、「感覚器」を通して「脳に働きかける」というのは、認知科学のような分野に疎い僕らにとっては、わかるようでいて、今一つはっきりしないところです。

単に文学的、あるいは哲学的な意匠のことではないでしょう。

おそらく、言語化できない「何か」への認識を促す絵、ということではないでしょうか。グレゴリー・ベイトソンが最期まで宿題としていたのは、「聖なるもののエピステモロジー」だといわれますが、デュシャンが「ルネサンスの宗教画家」たちは、「何らかの形態のもとに神性についての彼らなりの考え方を表現すること」が目的だった、と言っているように、言語化できない「何か」とは「聖なるもの」の領域なのではないでしょうか。

翻って、音楽に話を戻してみるなら、脳に働きかける音というと、〈音楽〉と〈言葉〉の領域に、どこまではっきりと線引きができるだろうか、という問題に真っ先に突き当たります。見知らぬ、聞き覚えのない外国語を、それが言語であると判断する際、何が目安となのでしょうか。

本書の冒頭を思い出してみてください。

言葉と音楽とどちらが先なのか。

僕らは同時なのではないかと考えるようになっています。それが分化するのは、まさしく双方が誕生したその瞬間に生じた差異によるのではないかと思われるのです。ちょうど、宇宙の誕生が時空の差異が生じた瞬間であるようにです。

フランシス・フォード・コッポラ監督の『コッポラの胡蝶の夢』は、ミルチャ・エリアーデの『若さなき若さ』という短編を映画化したものですが、映画の主人公ドミニクの意中の人であった今は亡きラウラと生き写しの女性、ヴェロニカ、さらに彼女の前世の記憶を通して現れるルピニという三つの人格が重ね合わされる「永遠の女性」との出会いが、数奇な人生を送るドミニクと彼の研究「言語と人間の意識の起源」に、甘美な、しかし痛切な影を落とすことになります。

ヴェロニカの前世の前世、そして人間の起源、言語の起源へと、彼女を依り代のようにして遡行は続けられ、ドミニクの研究は進んでゆくのですが、こうした先祖返りを描いた映画に、ケン・ラッセルの『アルタード・ステーツ』があります。

近代西洋魔術においても、このような先祖返りを鍵に使う人々もいます。

動物と人間との境界、それは言語の発生と同時に起こると考えられますが、カミ概念（宗教）、歌謡（音楽）も同時だったのではないかと、僕らは考えているところです。

人類の出発点にはビッグバンのごとき、突然の飛躍の爆発があった。そう見ているわけです。そして、三つの要素には相互補完の関係があると思っています。

VI

声のあるじ

フランスの人類学者、ピエール・クラストルは、南米のグアヤキ・インディアン、遊動民である彼らの、ある夜の過ごし方を記しています。女性たちは子供を抱いて眠り、男性たちは闇を見つめながら寝ずの番をしています。男たちから歌が目を覚まします。

やがて、初めはほとんど聞きとれぬ程、それほどの内部に生まれ、正しい音調と語り、りの忍耐強い探究に身をまかす程にはまだ分節化されない慎重なつぶやきの声が発せられる。声は次第に高揚し、手答えを確めた歌い手から、突然、弾けるような、自由で緊った歌が奔り出る。最初の声に鼓舞された別の声が重なり、さらに第三の声が続く。声は、常に問いかけに先んじて与えられる答えのように性急な言葉を投げてゆく。今では男達はみな歌っている。あいかわらず不動のまま、ただ眼ざしは一層放心している。全員がいっせいに歌うものの、ひとりひとり自分だけの歌を歌っている。男達は夜の主となり、それぞれがそこで自分自身の主となろうと欲している。

（クラストル　一九八七）

自分の声を聴くことによって初めて、僕らは言葉の世界への鍵を手にします。僕らは一人ひとり他者を伴っているのです。僕らは話す主体であると同時に聞く客体であることで言語の世界に属することとなります。

そして、考えると同時に考えられることによって僕らは存在します。個の集合によって集団が作られるわけではありません。集団によって個が生まれるというのが、自意識というものの本来の性質です。基本となるのは時々刻々と生成される関係性であり、言葉によって世界が作られるというのはそういうことなのではないでしょうか。

民主主義を支えているのも、こうした言葉を巡る認識が基本であり、モラルといったものとは無関係です。多数決というものも条件付きの妥協でしかありません。言葉は量的なものではなく、ましてや量的判断が善悪の基準となることもありません。そして言葉というものは、その性質上、多声的であることが基本となるはずです。

グレゴリー・ベイトソンの有名な言葉です。


二つの相異なる記述は、いつでも単一の記述に勝る。　　　（ベイトソン　一九八二）

ここで再び、ル・クレジオの登場です。

インディオは音楽に従事するとき、身を隠す。なぜなら音楽は、言葉以上に彼を危険にさらすものだと知っているから。

あるいは

旋律は罠であって、自己愛にもとづく。

（ル・クレジオ　二〇一〇）

ル・クレジオの謎めいた言葉の、連なりと断絶。まるで読まれることを拒むようで、それでいて、時間をかけて、目で追うだけでなく、脳を超えて、身体の外にある自己に問いかけなければ読めないない文の連なりと断絶。答えの裏に問いの隠されているような文章です。

遍在的な、恒常的な音楽。音楽は葦笛のなかに住み、葦笛は森に住んでいる。

（ル・クレジオ　前掲書）

そして『沈黙』というエッセイにも、こんな記述があります。

言葉の彼方、意識の彼方、すべて形であって生きていたものの彼方にあるのが、全的な物質、生（なま）の物質、目的なくそれ自体に委ねられた物質の拡がりだったのだ。ぼくの自我の彼方、ぼく個人の真実というプリズムを越えて、自己を表現しようとしないこの世界があったのだ。

（ル・クレジオ　一九七〇）

インディオたちのもとに戻りましょう。

けれどもインディオは、言語にたいしてコンプレックスをいだいているのであり、それが彼の秘密だ。インディオは、自己を表現すること、自分を個別化することを恐れる。インディオの声は、彼の所有物であり、彼の魂それ自体である。歌はその本性からして、この魂を二重に露出する。まず、言語によって、ついで、声の音調（動物性）によって魂をあらわにしてしまう。人間たちの住む世界にあっては、何物も無償ではなく、何物も中立的でない。すべてが表現している。インディオが沈黙を夢見、沈黙を欲するのは、地上の他の何人（なんぴと）よりも、表現の危険と魂の裏切りをよく知っているからだ。

（ル・クレジオ　二〇一〇）

僕らは「表現の自由」という〈言葉〉を何も省みることなく使っています。しかし、むしろ表現によって失われるものは何か、を問うことも大事なことではないでしょうか。重点は「自由」ではなく、「表現」に対する手放しの讃美への疑問です。

つまり「沈黙の意味」についてです。ケージの無音室での経験については、先に触れましたが、近代人にとって沈黙は、ある場面、ある文化的背景では美徳、場面、文化的背景が異なれば、無礼とみなされます。一方、インディオの世界では、沈黙こそがニュートラルな状態なのかもしれません。

天使は通るがままにせよ。

そういえばデレク・ジャーマンに『エンジェリック・カンバセーション』という美しい作品がありました。今、思い当たったのですが、天使的会話とは沈黙を指すのかもしれません。

沈黙を引き裂く声と、沈黙に寄り添う声。

声や音楽について考える際、沈黙を定常状態とみなしてみると、少し違った世界が見えてきそうです。

さて、表現・表出行為は常にそれを発するものを裏切ります。表現されたものは、それ自体、他者に属するものだからです。

そうした言表のメタレベルにあるものは、形而上的であると同時に、真の現実に近いものです。それは聖性を孕んでいると見えて、同時に不定形で混乱した、ある意味で、常軌を逸した代物です。

宗教に対する忌避の感情、近代の「信念」は、同時に何かしらの聖なるものとしか呼びようのない事象への畏怖に対する、忘却という形をとった妄執を、その背景に持っています。

現実というカオスと、これをコスモスと認識することなしには成立しない人間の「知覚」、そしてこの認識＝知覚を基礎とするカッコつきの「現実」。

カオスとしての現実と、通常僕らが現実と呼んでいるもの、という二つの領域を繋ぎ止めているのが、宗教であり、音楽であると言えるのかもしれません。

三角形の三つ目の辺、言葉に目を向けてみるならば、「詩的体験」（ロラン・ド・ルネヴィル）がその役にあたると言えるでしょう。

あらゆる認識行為の目標は、既成の事実として受け入れられている現実を広く、深く知ることだけではなく、現実そのものの領域を押し広げることでもあります。

エーリッヒ・グートキントは、その遺著『人間性の破産と超剋』の冒頭を次のように始めています。

真理は歌とともに立ちあがる。音律は志向をはらむ生命の一つ一つのなかに脈うつ。大願成就の時節に鳴るものは甘い音楽である。だが、歴史の大いなる転換の時期においては、そこに聴かれるものは行進曲の鼓音でなくてはならぬ。

（グートキント　一九六八）

あるいはシャーマンの叩く太鼓の音でなくては……

主要参考文献

間章　一九八八『非時と廃墟そして鏡』深夜叢書社
阿部良雄　一九九三『モデルニテの軌跡　近代美術史再構築のために』岩波書店
イーノ、ブライアン　一九八五「エレクトリックな環境への回遊」庄野泰子訳、『ユリイカ』第一三巻第五号
ウィルソン、ロバート・アントン　一九九四『コスミック・トリガー　イリュミナティ最後の秘密』武邑光裕監訳、八幡書店
植島啓司　一九八六「悪魔祓い〈サンギャン〉」『バリ　禁忌、祝祭のカタルシス』アートスペース美蕾樹
――　一九九三『天使のささやき　宗教・陶酔・不思議の研究』人文書院
――　一九九八『宗教学講義　いったい教授と女生徒のあいだに何が起こったのか』ちくま新書

エリアーデ、ミルチャ　一九八四『エリアーデ日記――旅と思索と人――』石井忠厚訳、未来社
エリアーデ、ミルチャ／クリアーノ、ヨアン・P　一九九四『エリアーデ世界宗教事典』奥山倫明訳、せりか書房
片岡義男　一九九四『エルヴィスから始まった』ちくま文庫
木村敏　一九八六『時間と自己』中公新書
キング、フランシス　一九七八『イメージの博物誌4　魔術』澁澤龍彦訳、平凡社
グートキント、エーリッヒ　一九六八『人間性の破産と超剋』深瀬基寛訳、筑摩叢書
クラストル、ピエール　一九八七『国家に抗する社会』渡辺公三訳、書肆風の薔薇（水声社）
ゲノン、ルネ　一九八六『世界の終末　現代世界の危機』田中義廣訳、平河出版社
――　一九八七『世界の王』田中義廣訳、平河出版社
ゴドウィン、ジョスリン　一九九五『北極の神秘主義』松田和也訳、工作舎
コンデ、ニコラス　一九九三『サンテリア』大瀧啓裕訳　東京創元社
近藤譲　一九七九『線の音楽』朝日出版社
シーゲル、ロナルド・K　二〇〇〇『幻覚脳の世界　薬物から臨死まで』長尾力訳、青土社
篠目清美　一九八七「現代アメリカのイシュメール　黒人男性作家は今」『季刊　GS　たのしい知識』6号、UPU
シャルル、ダニエル　一九八五「声に関するテーゼ」立川健二訳、『現代思想』第一三巻第五号、青土社
シュタイナー、ルドルフ　一九八一『アカシャ年代記より』高橋巖訳、国書刊行会
ジュフロワ、アラン　一九七八『視覚の革命』西永良成訳、晶文社

白川静　一九九一　『孔子伝』中公文庫
杉山二郎　一九九二　『遊民の系譜　新版』青土社
竹内勝太郎　一九四九　『藝術民俗學研究』福村書店
高橋巖　二〇〇四　「解説　キリスト衝動とシャマニズム　ツランとイランの対立をめぐって」『シュタイナー・コレクション5　イエスを語る』筑摩書房
谷川健一　二〇〇〇　『うたと日本人』講談社現代新書
タム、エリック　一九九四　『ブライアン・イーノ』小山景子訳、水声社
土取利行　一九八八　『螺旋の腕』筑摩書房
——　一九九〇　「根源的な音の胎動」『ユリイカ』第二二巻第五号、青土社
ド・ルネヴィル、ロラン　一九七四　『詩的体験』中川信吾訳、国文社
トーシュ、ニック　二〇〇三　『ダンテの遺稿』熊井ひろ美訳、早川書房
豊田国夫　一九八〇　『日本人の言霊思想』講談社学術文庫
ニーダム、ロドニー　一九九〇　「パーカッションと移行」長嶋佳子訳、『ユリイカ』第二二巻第五号、青土社
ハーストン、ゾラ・ニール　一九九九　『ヴードゥーの神々——ジャマイカ、ハイチ紀行』常田景子訳、新宿書房
バーマン、モリス　一九八九　『デカルトからベイトソンへ　世界の再魔術化』柴田元幸訳、国文社
パス、オクタヴィオ　二〇一一　『弓と竪琴』牛島信明訳、岩波文庫
バタイユ、ジョルジュ　一九六七　『エロスの涙』森本和夫訳、現代思潮社

ハマーシュタイン、ラインホルト　一九八八「魔術的芸術としての音楽」鈴木晶訳『ヒストリー・オヴ・アイディアズ29　天の音楽・地の音楽』平凡社
バランディエ、ジョルジュ　一九八二『舞台の上の権力　政治のドラマトゥルギー』渡辺公三訳、平凡社選書
バロウズ、ウィリアム　一九九二『ア・プーク　イズ　ヒア』飯田隆昭訳、ファラオ企画
ヒョーツバーグ、ウィリアム　一九八一『堕ちる天使』佐和誠訳、早川書房
蛭川立、一九九五「セックス・サイケデリックス・サイバネティックス」『ユリイカ』第二七巻第一四号
細川涼一　二〇〇〇『逸脱の日本中世』ちくま学芸文庫
ベイトソン、グレゴリー　一九八二『精神と自然』佐藤良明訳、思索社
松田修　一九九四『異形者の力』青玄社
松山俊太郎　二〇一〇『綺想礼讃』国書刊行会
ミショー、アンリ　一九八三『アジアにおける一野蛮人　改訂版』小海永二訳、彌生書房
モーム、W・S・　一九九五『魔術師』田中西二郎訳、ちくま文庫
ユング、C・G・　一九七七「現代史に寄せて」松代洋一訳、『エピステーメー』第三巻第四号、朝日出版社
リード、イシュメール　一九九七『マンボ・ジャンボ』上岡伸雄訳、国書刊行会
ル・クレジオ、J・M・G・　一九七〇『物質的恍惚』豊崎光一訳、新潮社
――　二〇一〇『悪魔祓い』高山鉄男訳、岩波文庫
レリス、ミシェル　一九七二「ゴンダルのエチオピア人にみられる憑依とその演劇的諸相」『日常生活の

中の聖なるもの』岡谷公二訳、思潮社

若江漢字　一九九六「灰色の聖骸布」ヨーゼフ・ボイス展カタログ、フジテレビギャラリー

魔術的音楽のために――魂の宿す声、音に宿る神秘

二〇二一年一一月一五日第一版第一刷印刷　二〇二一年一一月二五日第一版第一刷発行

著者――滑川英達

装幀者――齋藤久美子

発行者――鈴木宏

発行所――株式会社水声社

東京都文京区小石川二―七―五　郵便番号一一二―〇〇〇二

電話〇三―三八一八―六〇四〇　ＦＡＸ〇三―三八一八―二四三七

［編集部］横浜市港北区新吉田東一―七七―一七　郵便番号二二三―〇〇五八

電話〇四五―七一七―五三五六　ＦＡＸ〇四五―七一七―五三五七

郵便振替〇〇一八〇―四―六五四一〇〇

URL : http://www.suiseisha.net

印刷・製本――精興社

ISBN978-4-8010-0608-9